Handbuch für

WELSE

Back to Nature

Handbuch für

WELSE

Dr. David D. Sands

ISBN 3-9805605-1-1

Fohrman Aquaristik GmbH,
Ahornweg 3a,
D-31867 Lauenau.

Deutsche Überarbeitung:
Dr. Gertrud Dudin

Printed in Sweden
by Ölunds Tryckeri AB

Inhalt

Welse

Die Welse gehören heute sicher zu den beliebtesten Fischen, die in Asien, Japan, Europa, Nordamerika und Australien von Aquarianern in Becken gepflegt werden. Ihr Aufstieg zu diesem Popularitätsmaximum ging mit einer Zunahme an erhältlichen Arten einher. Bisher haben es sich jedoch erst wenige Aquarianer zugetraut, sich an die Identifizierung der Arten zu wagen und ihre Größe und Verträglichkeit zu diskutieren, obwohl diese Informationen unbedingt für die erfolgreichen Pflege von Aquariumfischen in Gefangenschaft benötigt werden.

Ernsthafte Aquarianer müssen einen Neuerwerb richtig identifizieren. Den wissenschaftlichen Namen zu haben ist zwar ein Anfang, aber er sagt kaum etwas über die benötigte Lebensgeschichte aus. Viele Welsarten brauchen besondere Pflege und Aufmerksamkeit in Gefangenschaft, und diese Details sollen in diesem Buch eingehend behandelt werden. Daten über die Aquariumpflege, eine Priorität für Aquarianer, sind lebensnotwendig, wenn neue Importe eine Welle neuer Welse aus frisch erforschten Dschungelregionen einbringen. Es wird immer wieder viel Neues über Welse zu entdecken sein. Sie sind geheimnisvoll, und Einzelheiten über ihr Verhalten, ihre Fortpflanzung und Ökologie sind kaum zu bekommen, da die Wissenschaftler sich noch kaum dieser Grunderforschung zugewandt haben. Das Wenige, das bisher entdeckt wurde, liegt oft in wissenschaftlichen Zeitschriften verborgen. Dieses Buch, obwohl es sehr kompakt wirkt, wird dem Aquarianer die richtige Richtung weisen.

Es gibt eine riesige Anzahl Arten, vom winzigen Pygmäen *Corydoras* bis zum riesigen Rotschwanzwels, aber, da in diesem Buch nicht alle detailliert aufgeführt werden können, sollen die bekanntesten Aquariumwelse zusammengefaßt werden. Wir wollen nur Welse vorstellen, die für Aquarien geeignet sind. Aufgrund dieser Zielsetzung werden in diesem Buch noch zusätzliche Informationen darüber aufgeführt, welche Arten besser zu meiden sind. Dies ist ein ernüchternder Gedanke für viele begeisterte Aquarianer, aber nicht alle Arten eignen sich für eine Gefangenschaft!

Es hat sich ein Trend in der allgemeinen Welspflege entwickelt, sehr große Arten in großen, aber noch immer recht mäßiggroßen Aquarien zu halten. Als handgroße Jungfische verkauft, wachsen einige Arten schnell zu armlangen, hungrigen Räubern. Dieser Aspekt in der Welshälterung könnte mit der Pflege eines Goldadlers im Vogelkäfig verglichen werden. Die Welspflege bietet praktische Anleitungen bezüglich dieses Themas. Darin werden alternativ Beispiele aus einer weiten Palette von Arten ausgewählt, die alle perfekt für Aquarien von Standardgröße geeignet sind, und was vielleicht noch viel wichtiger ist, die sich mit Gesellschaftsfischen vertragen. Diese Welsfischarten, ob sie nun in der Aquaristik selten oder häufig zu finden sind, gewöhnen sich nicht nur leicht an die Gefangenschaft und gedeihen, sondern werden sich auch fortpflanzen. Da Importe wildgefangener Fische ein heißes Thema in der Politik sind, und immer mehr eingeschränkt werden sollen, wird die Zukunft der Fischpflege wahrscheinlich von den vielen dieser anpassungsfähigen Welsarten abhängen, die die Liebhaber mit Aquariumtieren beliefern können.

Die wichtigsten Bedingungen für eine erfolgreiche Welspflege sind die

Wasserqualität, die Verträglichkeit, eine perfekte Gesundheitspflege und Nahrungsbedürfnisse. Trotz der ungezweifelten Popularität der Welse bei den Aquarianern, hat ein reines Welsaquarium (abgesehen von Zuchtanlagen) doch seine Nachteile, weil Welse vorwiegend nachtlebende Tiere sind. Es gibt nur wenige, überfüllte Aquarien, die so leer aussehen können, wie ein reines Welsbecken. Es ist traurig zu sehen, wie lichtscheue Welse um den wenigen Substratschutz streiten. Dafür aber ist es unter idealen Gesellschaftsbedingungen eine besondere Freude, Welse zu pflegen. Sie bringen die wichtigen Elemente "Mystik und Magik" selbst in das beste, tropische Süßwasseraquarium. Ich hoffe durch meine Begeisterung für Welse, die auf zwanzig Jahren praktischer Erfahrung basiert, die Aquarianer zu einem besseren Verständnis der Bedürfnisse und des Lebensstils dieser wunderbaren und der Natur seltsamsten Fische hinzuführen.

Dr. David D. Sands
Dezember 1996

Acanthicus adonis, Amazonas, Brasilien.

Aquarium

Manchmal ist es zu einfach, sich sein Gesellschaftsbecken als natürlich vorzustellen oder dem Natürlichsten so nahe wie möglich. Die Lebensbereiche für Fische reichen von Seen, Flüssen, Teichen, Felsriffen bis zu Meeresströmungen, und sind Bereiche, die den Elementen ausgesetzt sind. Diese Biotope sind jeweils charakterisiert durch Mineralien, Temperaturen, Sauerstoff- und Salzgehalt sowie den Gehalt an organischem Material, das die Wasserchemie bestimmt, der wiederum von der Höhe, der regionalen Geologie, der Flora, der Meeresregion oder der örtlichen Klimaschwankungen abhängt.

Im krassen Gegensatz dazu ist ein Aquarium ein geschlossenes System

1

ohne offene Atmosphäre oder unbegrenztem Wasseraustausch. Der Erfolg der Fischpflege in einem geschlossenen System mit fressenden Fischen, hängt völlig vom Stickstoffzyklus ab.

Die künstliche Chemie des "geschlossenen Systems" Aquarium wird fast völlig vom Ursprung ihres lokalen Leitungswassers abhängen. Mit Hilfe von Wasserfiltern, Weichmachern und Umkehrosmoseeinheiten ist es jedoch möglich, die örtlichen Wasserbedingungen zu verändern und einen spezifischen Wasservorrat für Ihr Aquarium zu schaffen. Die Temperatureinstellung des Thermostats hat einen ebensogroßen Einfluß auf Anteil an gelöstem Sauerstoff wie der pH des Wassers, der direkt mit dem Kohlendioxidgehalt gekoppelt ist (niedriger pH = hoher Kohlendioxidgehalt). Der Salzgehalt und die Temperatur in Salzwassersystemen kontrollieren die spezifische Dichte und auch den Sauerstoffgehalt (mehr Salz = weniger Sauerstoff). Je wirksamer der Stickstoffzyklus, desto geringer ist die Chance, daß Aquariumfische mit Ammonium oder Nitriten in Kontakt kommen, die Beide sehr giftig sind und in hohen Dosen im Aquarium für alle, auch die widerstandsfähigsten Aquariumtiere tötlich sein können. Eine gute Kombination all dieser Faktoren ist der Schlüssel zur Erhaltung allen Lebens im Aquarium.

Die Wissenschaftler benutzen den Ausdruck Limnologie, um die Gesamtheit oder Ökologie des Süßwassers zu beschreiben. In diesem Gebiet beschäftigen sich Wissenschaftler mit allen Aspekten des Pflanzen- und Tierlebens, den geographischen Eigenheiten und auch den physikalischen Merkmalen des Süßwassers. Die Fische in Ihrem Aquarium stammen vielleicht in ihrer Wildform im Gegensatz zu den in Gefangenschaft gezüchteten Tieren, aus einem Gemisch von Biotopen. Diese können leicht variieren zwischen kleinen Waldbächen, die gemächlich über ein Beet von Falllaub fließen, und kristallklarem Wasser zwischen den Felsküsten riesiger Seen oder dem Donnerwasser eines Hochlandflusses, der von Felsblöcke hinabstürzt, die er über Jahrmillionen hinweg abgerundet hat. Jeder dieser Biotope hat seine individuelle Temperatur, Sauerstoffgehalt, Wasserchemie, Strömung, Tiefe und Substrat. Jeder Lebensraum im Wasser enthält einen unterschiedlichen Anteil und Vielfalt an Pflan-

1. Der Amazonas entspringt hoch oben in den Anden Perus.
2. *Glyptothorax* sind asiatische Welse, die in schnellfließenden Gewässern leben und sich nur für Aquarien mit Wasserströmung geeignet.
3. *Corydoras* Biotop in Brasilien.
4. Viele Welsarten leben in den Tropen in Brackwasser.

zen, Wirbellosen und Fischen, aber auch an Landvegetation, Geologie und saisonalen Einflüssen. Alle Biotope schließen Räuber mit ein, die sowohl im Wasser, auf dem Land oder in der Luft leben können, und es ist die Kombination all dieser Faktoren, die das Verhalten der Fische, die in diesem Wasser leben, bestimmt.

Fast in jedem Gesellschaftsaquarium befinden sich Welse, die sich tagsüber verstecken und sich nur während der Fütterung für einen kurzen Augenblick sehen lassen. Diese Fische der Nacht sind nicht nur scheu, wenn sie versuchen, dem Blick des Aquarianers zu entkommen, und jeden überzeugen wollen, daß sie nicht überlebt haben. Sie gehören dem Teil des Tierreiches an, das sich einem Leben im Dunkeln verschrieben hat. Nachtfische sind die Eulen, Fledermäuse und Schaben der Wasserwelt. Es haben sich mehrere Fischgruppen in Richtung auf ein Leben in dunklen Gewässern hin entwickelt. Einige davon sind, wie die Welse, den Aquarianern bekannt, wie etwa Messerfische, die Schmerlen und die Meereslippfische und -skorpionfische. Gewöhnlich haben diese Arten Eigenheiten, um ins "Dunkle abzutauchen", wie etwa eine große Zahl an Bartelngrößen, die Fähigkeit, schwache elektrische Felder für die Orientierung in ihrer Umgebung zu nutzen, eine harte Haut und Verteidigungsmechanismen zur Abwehr von Räubern. Viele kleinere Arten sind gesellig und gruppieren sich in großer Zahl zu Schwärmen. Im Gegensatz dazu sind die größeren Krebstiere und Fischräuber oft Einzelgänger und halten sich vertrauensvoll in relativ kleinen Revieren auf.

Die Natur bot den Tieren während ihrer Entwicklung zwei Möglichkeiten an, sich zwischen einem Leben bei Tag oder bei Nacht zu entscheiden. Diejenigen, die sich für den Tag entschieden, haben scharfe Augen und einen stromförmigen Körper für große Geschwindigkeit, um Räubern zu entkommen oder einer zu sein. Die Tiere, die die Nacht wählten, haben normalerweise verkleinerte oder kleine Augen, da dieses Sinnesorgan in der Dunkelheit unnütz ist. In den Stunden der Dämmerung bieten die Barteln

1. Es ist möglich durch Aufsplitten der Aqualandschaft, wobei Ufer- und Landpflanzen im Becken wachsen können, einen tropischen Effekt zu schaffen.
2. *Synodontis angelicus* aus Zaire.
3. Hochliegende südamerikanische Flüsse beherbergen Welse, die schnellfließendes Wasser benötigen, z.B. *Astroblepus*.
4. *Astroblepus*-Welse sind keine Aquariumarten.
5. Ein 800 l Becken für nachtaktive Welse.

der Welse oder das "Elektrische Sonar" der Messerfische einen Ersatz für dieses Sinnesorgan. Sie können zur Navigation in der unbeleuchteten Welt benutzt werden, da sie Beute lokalisieren und "Abschätzen" können, und wie die Barteln eine bestimmte Nahrung schmecken können. Nachtfische haben die Stunden der Dunkelheit für sich. Wenn die tagaktiven oder Tagfische schlafen, sind die Schwärme, die im Schatten leben, auf der Suche nach ihnen, um sie zu verspeisen.

3

4

Das Nachtaquarium

Die Aquarianer mit vielen Welsen oder ähnlich nachtaktiven Tieren sind oft frustriert, weil sie ihre Lieblingsfische so selten zu sehen bekommen. Es gibt nur wenige Umstände, für die ich ein "reines Welsaquarium" vorschlagen würde. Die meisten sind während der Tagesstunden inaktiv, wenn auch die populärsten Gruppen, wie *Corydoras*, Dämmerungstiere sind und deshalb weniger nachtaktiv. Zur Erleichterung vieler Aquarianer, die sehr teure Arten erworben haben, wird *Corydoras* außerhalb der Dunkelstunden nach Nahrung suchen. Das "reine Welsaquarium" ist eher ein "Stilleben" als ein lebendes Bild, wie es von allen Fischhaltern erwartet und benötigt wird, außer vielleicht von echten Welsliebhabern.

Bei einer Bestandsaufnahme einiger kleiner Nebenflüsse des Oberen Rio Negro in Brasilien hatte ich die Gelegenheit nachts zu fischen und einige Nachtarten zu beobachten. Die meisten Welse wurden über Falllaubsubstrat oder um Baumstümpfe und Äste unter Wasser gefangen. Die Bedeutung dieses natürlichen Abfalls für die Bildung von

5

Revieren und Futterstellen kann nicht unterschätzt werden, weshalb sie auch im Aquarium vorkommen sollten. Während der Tagesstunden werden lichtscheue Fische sich oft zusammendrängen und sich um den besten Versteckplatz streiten. Um Übervölkerung (und möglicherweise Gesundheitsprobleme, die dadurch entstehen können) zu vermeiden, ist es wichtig, ausreichend Versteckmöglichkeiten zwischen Blättern und Kies zu schaffen.

Alle Nachtarten sind empfindlich für grelles Licht, und um sie an ein Leben in einem Aquarium anzupassen, sollte die Beleuchtung für sie angepaßt werden. Es ist möglich, die Beleuchtung derart abzustufen, daß ein gradueller Übergang von Dämmerung zu Dunkelheit entsteht. Selbst bei Systemen, die keine Lichtphasen erlauben, ist es möglich, einen Teil der Leuchtstäbe abzudecken, um schattige Stellen im Aquarium zu schaffen. Diese ermutigen nachtaktive Fische, am frühen Abend herumzuschwimmen, vorausgesetzt die Lichter im Zimmer sind ebenfalls abgeblendet. In einigen Zoos wird Umkehrbelichtung verwendet, um vom Tag zur Nacht umzuschalten und umgekehrt. Dies könnte auch für Aquarien machbar sein, wenn man eine starke Glühlampe im System während der Nacht benutzt.

Eine andere Möglichkeit "leere Bekken" nachtaktiver Fische zu bevölkern, ist, andere "nicht-Wels" Arten, die im offenen Wasser und an der Wasseroberfläche Schwärme bilden, mit ihnen zu vergesellschaften. Die mittelkleinen, nicht räuberischen Arten aus einem südamerikanischen Flußsystem (*Corydoras, Brochis, Dianema, Hypostomus, Ancistrus, Peckoltia, Rineloricaria* usw.) könnten viele der herrlichen Salmarten der Gattungen *Cheirodon* (Roter Neon), *Hyphessobrycon* (Blutsalmler), *Nannostomus* (Ziersalmler), *Hemigrammus* (Schlußlichtsalmler), *Paracheirodon* (Neontetra), *Moenkhausia* (Rotaugen und Brillantsalmler), *Nematobrycon* (Kaisertetra) und *Megalamphodus* (Phantomsalmler) umfassen, die

1. Ein Gesellschaftsbecken für nichträuberische Welse.
2. *Brachysynodontis batensoda.*
3. Peruvianische Andenflüsse, wie der Vilcanota, sind eine Wasserquelle für den Amazonas.
4. Der Negro bei Niedrig-wasser.
5. *Gagata*-Welse sind asiatische Arten aus schnellfließenden Gewässerm.

sich im offenen Wasser gruppieren. Dasselbe Flußsystem könnte auch *Carnegiella* und *Gasteropelecus* (Beilbauchfische) und *Poecilia* und *Xiphophorus* (Guppys und Schwertträger) umfassen.

Um den besten Effekt mit schwarmbildenden Fischen zu erzielen, ist es am besten, eine vernünftige Anzahl Tiere einer Art (zwischen 10 und 20) zusammenzubringen, anstatt zwei oder drei Tiere verschiedener Arten. Es gibt wenig angenehmere Anblicke als eine Schule einer im offenen Wasser schwimmenden Art, wenn sie synchron ihren Weg durchs Wasser bahnen. Das kommt bei neotropischen Süßwasserarten nur periodisch vor, da sich die Schwärme oft aufteilen, im Gegensatz zu den riesigen Silberschwärmen von Jungfischen im Ozean, die vor einem Taucher wie ein Körper aufblitzen, während dieser im Korallenriff taucht.

Viele der Salmlerschwärme fühlen sich auch in einem Gesellschaftsbecken neben größeren, nichträuberischen Welsen wie die Saugmäuler *Liposarcus*, *Loricaria, Glyptoperichthys*, *Loricarichthys* und der "Supergroße Plecos', der zur Zeit noch nicht wissenschaftlich beschrieben sind, einschließlich der *Acanthicus* und *Pseudacanthicus* Arten. In der Liste könnten sich auch viele der größeren Dornwelse (der sprechenden Welse) befinden.

Es gibt "lichtscheue" Tagarten unter den südamerikanischen Welsen, wie etwa die Antennenwelse, darunter die kleineren Arten wie *Pimelodus pictus* (Engelantennenwels), aber auch Riesen wie *Pseudoplatystoma* (Tiger-Antennenwels) und *Phractocephalus* (Rotflossen-Antennenwels). Der größte Nachteil dieser Welse ist, daß es sich hierbei um Räuber han-

3

4

5

delt, die versuchen werden, alles zu verschlingen, was irgendwie ihrer individuellen Fassungsgröße nach als Futter in Frage kommen könnte. Es ist leicht, eine Raubfischart an der Form des Maules und der Barteln zu erkennen. Im Gegensatz zu nicht-räuberischen Arten wie *Corydoras*, die ein endständiges "Suchmaul" mit kleinen Barteln haben, tragen die "Räuber" der Wasserwelt nach vorne gerichtete "Schnappmäuler" und lange, wedelnde Barteln. Dadurch sind sie in der Lage Beute zu lokalisieren und zu schnappen.

In Afrika gehören die populärsten, nicht-räuberischen Welse, die zwischen Tagelicht und Dämmerung zu sehen sind, zu den *Synodontis* und verwandten Arten. Ihr Maul ist ein endständiges "Suchmaul" mit deutlich gefransten Sinnesbarteln, die beim Aufspüren von Futter behilflich sind. Die meisten *Synodontis* können ohne Bedenken mit afrikanischen Salmlern wie *Phenacogrammus*, *Alestes* und *Brycinus* (Kongosalmler), *Arnoldichthys* (Rotaugensalmler) und vielen der friedlichen *Barbus*-Arten gehalten werden.

Die afrikanischen Raubwelsarten, z. B. *Chrysichthys* und *Bagrus* sind mit den südamerikanischen Antennenwelsen zu vergleichen, und viele dieser Arten haben wedelnde Barteln und ein breites Schnappmaul. Es sind reine Nachttiere und ebenfalls in der Lage, alles zu fressen, was in ihr großes Maul paßt. Nur die afrikanischen Riesensalmer (*Distichodus* usw.) können mit den afrikanischen Räubern

1. Der Bratpfannenwels im Schutz von Sand und Blättern.
2. *Synodontis polli* aus dem Tanganjikasee.
3. *Mystus micracanthus*, Thailand.
4. Schaubecken können Uferpflanzen enthalten, um einen natürlichen Effekt zu erzielen.
5. Der Biotop mehrerer *Corydoras*-Arten in Brasilien.

zusammen gehalten werden. Die Kiemenwelse, *Clarias* usw., haben ebenfalls vorstehende Mäuler und nach vorne reichende Barteln, was anzeigt, daß auch sie kleine Beute lokalisieren und aufschnappen können. Sofern Sie nicht gerade große Raubwelse und Riesensalmler zusammen pflegen möchten, sollten Sie diese Art Welse insgesamt meiden.

Die Vergesellschaftung von Welsen mit Salmlerarten, die im freien Wasser Schulen bilden, hat mehrere positive Wirkungen auf das System. Erstens, wenn die Salmler an die Wasseroberfläche schießen, um zu fressen, kann dies als Auslöser auf die Welse wirken, ebenfalls anzufangen zu fressen. Welse auf dem Substrat scheinen auf fressende Fische im Wasser über ihnen zu reagieren und interpretieren deren Unaufmerksamkeit auf mögliche Räuber beim Fressen als Signal, daß die "Luft rein" ist. Fische, die zu diesem besonderen Zweck mit ins Aquarium eingesetzt werden, werden auch "Gesellschaftsfische" genannt.

4

Der zweite Vorteil (der mit dem ersten gekoppelt ist) einer Vergesellschaftung mit Arten, die Schwärme im offenen Wasser bilden, ist, daß die zusätzliche Nahrung, die sie benötigen, auch den am Boden lebenden, lichtscheuen Welsen noch zusätzliche Nahrungsbissen liefern. Sie werden mit der Zeit die Aufregung der Salmler z. B. beim Fressen als Anzeichen dafür sehen, daß Nahrung vorhanden ist. Dadurch werden die Welse nach und nach dazu ermutigt, bei Tageslicht nach Nahrung zu suchen. Nur die scheuesten und nachtaktivsten Arten werden sich weigern, sich der Freßorgie hinzugeben. Diese Arten sollten separat gefüttert werden, wenn die Lichter aus sind und das Aquarium nur von der Raumbeleuchtung erhellt wird.

Der dritte Vorteil durch die Einbringung von Gesellschaftsfischen besteht darin, daß wenn sich die Welse ausruhen oder verstecken, das Aquarium dennoch durch die Bewegung der Salmler z. B. interessant und "geschäftig" erscheint. Wahrscheinlich ist

5

dies der wichtigste Grund, warum schwarmbildende Fische mit dämmerungs- oder nachtaktiven Fischarten vergesellschaftet werden.

Holz, Kies, Pflanzen und Sand

Jedes Stück Holz, das für die Aquariumeinrichtung in Betracht gezogen wird, muß von einem Aquariumhändler kommen oder von ungiftigen Bäumen stammen. Manch geflochtenes Holz, das für Pflanzenarrangements angeboten wird, sieht vielleicht attraktiv aus, kann aber für Wasserlebewesen im geschlossenen System des Aquariums gefährlich werden. Manches Holz verfärbt das Wasser stärker als anderes. Die Stükke Eichenholz, die in Aquariumgeschäften leicht erhältlich sind, verfärben warmes Aquariumwasser innerhalb von Stunden. Weicht man sie zuvor mehrmals in warmem Wasser ein, kann man den größten Teil der Farbe auswaschen. Man müßte es aber monatelang mit heißem Wasser waschen und mit einer Algendecke zuwachsen lassen, wenn man wirklich sicher sein will, daß das Aquariumwasser relativ klar bleiben wird.

1

1. Die "Amazonas" Rückwand (Back-to-Nature) ist eine Imitation eines Baumstumpfes.
2. Ein bepflanztes Becken eignet sich nur für wenig zerstörerische Welse, wie *Corydoras*. Algenfressende Welse sollten nur in Becken mit schnellwachsenden Pflanzen eingesetzt werden, da sie weichblättrige Pflanzen auffressen.
3. und 4. Die Rückwände von Back-to-Nature verleihen dem Aquarium ein sehr natürliches Aussehen.

Es sollte kein lebendes Holz oder Holz von unbekanntem Ursprung ins Aquarium eingebracht werden, da dies das Aquariumwasser leicht verseuchen kann und sich damit fatal auswirkt. Jahrelang habe ich totes Birkenholz und Blätter von Waldbäumen gesammelt, weil ich sicher war, daß sie nicht nur harmlos (ungiftig) sind sondern auch das Wasser nicht verfärben. Eine echte Herausforderung (und ein anderer wunderbarer Familienausflug) ist es, einen Birkenwald nach einem dicken, gekrümmten Stück Holz abzusuchen. Die für diesen Ausflug benötigte Ausrüstung sind eine kleine Leiter, eine Astsäge und ein großer, leerer Kofferraum im Auto.

Die Begrünung

Im Laufe der Jahre habe ich viele Pflanzenaquarien gesehen, die unter Verwendung von Kohlendioxiddiffusoren, Unterbodenheizung, "spezieller eisenhaltiger Erde" usw. funktionieren, möchte mich aber nicht weiter darüber auslassen, was am besten funktioniert. Eine oder zwei der wichtigsten Beobachtungen, die ich dabei gemacht habe (und ich denke, sie widersprechen sich teilweise) sind einmal, daß im besten Gartenaquarium die Fische eine Nebenrolle spielen. Die zweite Beobachtung ist, daß Fische, die auf dem Substrat leben, oft unter dem Effekt der Stagnation, der im speziellen "Pflanzenmedium", wie es empfohlen wird, entsteht, oft leiden. Diese Aussagen beruhen auf meinen eigenen Beobachtungen. Die beste Fischgemeinschaft, die ich dagegen bisher gesehen habe, schlossen Pflanzen in einer untergeordneten, anspruchslosen Rolle ein.

Wenn ich wilde Fische fangen ging, bemerkte ich immer wieder, daß die Flüsse und Ströme, die am fischreichsten waren, jeweils am ärmsten an Wasserpflanzen waren und umge-

2

4

1

Pflanzen. Wassertiere benötigen einen hohen Anteil an gelöstem Sauerstoff, um zu gedeihen, während die Flora mehr Kohlensäure braucht (trotz der geringfügigen Photosyntheseumkehr während der Nacht). Deshalb wird jede Kombination von Fischen und Pflanzen immer eine der größten Herausforderungen in der Fischpflege bleiben.

Im allgemeinen sind Fische außerhalb der Raubfischgruppe Allesfresser und werden als solche alles vorhandene Pflanzenmaterial auffressen. Im Aquarium kann man deshalb eine sehr traumatische Erfahrung beim Einpflanzen weichblättriger

2

3

kehrt. In vielen Strömen mit einer reichen Fischpopulation waren die erfolgreichsten Pflanzen Uferpflanzen oder Aufwuchs von Kienholz an schattigen Stellen, halb in und außerhalb des Wassers. Manchmal, während einer Flut, waren es echte Landpflanzen, die nun in der Uferzone leben mußten. Einige Fische bevorzugen solche zeitweiligen Wasserpflanzen.

Es besteht mit Sicherheit ein Interessenskonflikt zwischen Fischen und Wasserpflanzen machen. Es ist aber wegen der "Glaskistenform" und der Ausmaße der Aquarien unmöglich, robusteren, weniger eßbaren Uferpflanzen einen Lebensraum zu bieten.

Einige Pflanzen, die für Aquarien verkauft werden, sind keine Wasserpflanzen, sondern Uferpflanzen, die in Hydrokultur gezüchtet und geerntet werden. Pflanzen unterstützen zwar den Denitrifizierungsprozeß im Aquarium und sind deshalb nützlich, es sollte sich aber dabei um echte Wasserpflanzen handeln, die man in den besseren Aquariumgeschäften angeboten bekommt. Dort erhalten Sie gesunde Pflanzen, die häufig aus Südamerika stammen, wie z. B. *Echinodorus*, oder aus Asien, z. B. *Aponogeton,* und aus Afrika, wie die vielen *Anubias*-Arten. Diese echten Wasserpflanzen mischen sich leicht unter die gewöhnlichen Wasserpflanzenarten.

Das größte Problem mit Pflanzen stellt die Schaffung von Sonnenlicht in einem geschlossenen System, das von direktem natürlichen Licht abgeschirmt ist. Die Schwierigkeit, ein künstliches, dem Sonnenlicht ähnliches Licht zu schaffen, bedeutet schon seit Jahren eine echte Herausforderung für die Aquarianer. Heute gibt es dafür eine Reihe verschiedener Beleuchtungstypen und -spektren, die miteinander kombiniert werden können, um dieses Problem teilweise zu umgehen. Aber ehrlich gesagt, so wie die Natur gibt es nichts, was mit der Sonne konkurrieren könnte.

Die richtige Verwendung von Substrat, Holz, Steinen, Ornamenten und Pflanzen im Aquarium sind der Schlüssel zu einer anregenden Wasserlandschaft. Die tägliche Beobachtung des Aquariums kann zu einer Art Selbstzufriedenheit führen, die den Beobachter zu einem Seitensprung in seiner Herausforderung veranlaßt. Das Ziel sowohl des seriösen als auch des gelegentlichen Aquarianers ist es, ein Bild zu schaffen. In den Augen mancher wird die Dekoration natürlich aussehen, in den Augen anderer dagegen künstlich. Extreme sind hier die japanischen und holländischen Gartenaquarien, in denen die Fische eine untergeordnete Rolle spielen, und die englischen und amerikanischen nackten Aquarien mit

4

5

6

1, 2, and 3. In einem Gesellschaftsbecken mit Welsen sollte regelmäßig ein Teilwasserwechsel vorgenommen werden.
4. Südamerikanische Ströme schlängeln sich durch den Regenwald und die offenen Ebenen.
5. Ein Biotop für *Corydoras* und andere Arten, wie z. B. Schwielenwelse.
6. Der Autor bei der Überwachung des Lufttransports eines Rotschwanzwelses für ein öffentliches Aquarium. Der Wels war dem Becken eines Aquarianers "entwachsen".

Tonröhren, in denen sich die Fische verstecken können. Mein Ziel ist es, etwas zwischen diesen beiden Extremen zu finden, das ideal für eine gemischte Gemeinschaft von Fischen und Pflanzen ist.

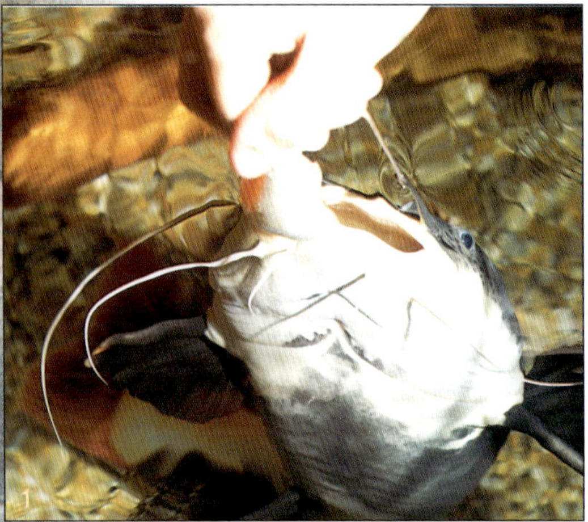
1

2

Ich empfehle als Substrat eine flache Schicht Sand zu verwenden und sich völlig auf eine Kombination aus einem Innen- und einem Außenfilter zu verlassen. Diese Filter können die neuesten Entwicklungen von Naß- und Trockenfilter, Rieselsand und Rieselfilter sein. Der idealste Sand für Aquarien ist ein blaßbrauner Sand ohne jegliche Überreste von Schalen (Seeufersand) und Farbzusätzen (Bausand). Die dünne Sandschicht stellt sicher, daß es zu keiner Stagnation kommt (ohne Unterbodenfilter ist dies ein häufiges Problem und kann bei Substratfressern oft zu Infektionen führen), und liefert ein natürliches Substrat. Sollen schnellschwimmende Fische in einer speziellen Anlage gepflegt werden, sollte eine dünne Schicht Kies diesen Zweck erfüllen.

Zur richtigen Anwendung von Kies bei der Schaffung einer natürlichen Wasserlandschaft benötigt man eine oder (höchstens) zwei Sorten Steine. In der Natur findet man an den ver-

3

schiedenen Stellen meistens nur eine Sorte Stein, weil die Geologie der Region auf Formationen beruht, die vor Jahrmillionen geschaffen wurden. Die Verwendung einer einzigen Sorte Stein bestimmt die Farbe für eine Wasserlandschaft. Diese kann pechschwarz sein, grau wie Granit, weiß wie Quarz oder grün wie Schiefer. Die Farbe hängt davon ab, was Sie persönlich bevorzugen, oder was im Aquariumgeschäft oder in der Landschaft, wo Sie wohnen, vorhanden ist. Wenn Sie einen natürlichen Effekt erzielen wollen, sollten Sie keine Gesteinsarten mischen, aber die Größe der Steine sollte variieren. Lassen Sie langsam eine Handvoll Kies aus Ihrer Hand fallen, um einen zufälligen Haufen zu schaffen. Kleinere Kieselsteine sollten vorne und größere weiter hinten liegen, um der Wasserlandschaft Tiefe zu verleihen. Klemmen Sie einige kleinere *Cryptocoryne* Pflanzen zwischen zwei Kieselsteine, und schon haben Sie einen Lebensraum für kleine Welse geschaffen.

Um eine irgendwie natürliche Szene zu schaffen, sollte eine Seite der Wasserlandschaft einen großen, abgerundeten Stein und ein Stück oder Stücke Holz enthalten. Dieser "große Pinselstrich" im Bild kann noch stärker hervorgehoben werden, wenn einige der höheren Pflanzen dahinter eingepflanzt werden, die dem Ganzen Tiefe verleihen. Ist es dort schattig, sollte man Javafarn oder etwas Javamoos verwenden, um dem Holz mit etwas Grün Leben zu verleihen. Plazieren Sie vorne einige ähnlich aussehende Kieselsteine (ähnlich wie im vorigen Abschnitt beschrieben) und dahinter, aber vor dem Holz, eine Gruppe *Anubias*. Dieser Bereich im Becken, von vorne nach hinten, wird Schulen von Salmlern und anderen Gesellschaftsfischen einen natürlichen Lebensraum bieten.

Denselben natürlichen Effekt, wie er durch die Verwendung einer Sorte Kies entsteht, kann man auch mit Hilfe von Pflanzen erzielen. Es ist falsch, viele verschiedene Sorten einzupflanzen, weil dadurch ein chaotischer Ef-

1. Einige der großen Welse kann man persönlich füttern.
2. Frischer Fisch und ungeschälte Garnelen sind eine ausgezeichnete Kost für große Raubwelse.
3. Ein asiatischer "Black Lancer" Wels der Gattung *Bagrichthys*.
4. Der Fluß Vilcanota in den Anden Perus.
5. Die Nebenflüßchen des Oberen Rio Negro fließen durch den Regenwald.

fekt erzielt wird. Gruppen einer Pflanzenart vermitteln den Eindruck von sich ausbreitenden Pflanzen, die im künstlichen Biotop, das Sie geschaffen haben, festen Fuß gefaßt haben. Scheuen Sie sich nicht, in den dunkelsten Winkeln Ihrer Wasserlandschaft (in den Beckenecken) ein zu einfach (einfarbig angestrichen) kann von der natürlichen Wasserlandschaft, die Sie schaffen möchten, ablenken. Das Amazonas Modell von "Back-to-Nature", in dem ein echter Baumstumpf mit Wurzeln dargestellt ist, sieht von den meisten Wasserlandschaften aus "natürlichen Bau-

1

Büschel künstlicher Pflanzen anzubringen. Auch diese sollten von einer einzigen Sorte sein, und das Dickicht wirkt am besten, wenn verschiedene Größen derselben Sorte verwendet werden.

Auch der Hintergrund im Aquarium ist ein kritischer Faktor. Zu voll (mehrere Pflanzenszenerien) oder

2

1. Reise auf dem Rio Negro.
2. pH- und Thermometer ermöglichen dem Aquarianer die Kontrolle der Wasserqualität unter natürlichen und künstlichen Bedingungen.
3. Der Autor beim Fangen von *Corydoras adolfoi* in der Region des Oberen Rio Negro.
4. Die bewaldeten Sandufer im Flußsystem des Negro.

steinen", die ich bisher gesehen habe, am natürlichsten aus. Anderes Material, das erhältlich ist, sind Holz-, Rinde- und Steinwandentwürfe. Man kann auch künstliche Flußufereffekte mit Hilfe von bemaltem Plexiglas schaffen, obwohl ich dies als gelungenen Effekt nur in einem öffentlichen Aquarium gesehen habe, wo das Wasservolumen einige künstlerische Impressionen erlaubte.

Es gibt heute eine Vielfalt ausgezeichneter Plastikpflanzen verschiedener Größen. Diese können zur Aufhellung dunkler Ecken verwendet werden oder in Aquarien mit reduzierter Beleuchtung für Nachtfischarten. Sie sind auch äußerst praktisch bei Fischen, die Pflanzen fressen!

Wasser

Die meisten Welse passen sich extrem leicht an bestimmt Wasserverhältnisse an und gedeihen über eine weite pH-, Temperatur- und Härtespanne. Jedoch bevorzugen die meisten Arten Bedingungen um einen neutralen pH (6,8-7,4) und mäßig bis leicht hartem Wasser mit einer Temperatur zwischen 23-26° C. *Synodontis* aus den afrikanischen Seen und Stachelwelse gedeihen am besten unter typischen Wasserbedingungen wie sie für Tanganjikasee- und Malawiseebuntbarsche angeraten werden (pH 7,5-8,1) (23-27° C).

Selbst die widerstandsfähigsten Welse bevorzugen Wasser mit einem hohen Sauerstoffgehalt und einem geringen Nitratgehalt, weshalb große Anteile Wasser regelmäßig gewechselt werden sollten, damit die Welse lange Zeit im Aquarium überleben. Alle Einrichtungen, die maximal bestückt sind, sollten zusätzlich noch an einen wirksamen Außenfilter und sekundäre Rieselfilter angeschlossen sein. Es ist auch besser, das Wasser noch zusätzlich über Ausstromeinrichtungen zu belüften, da die durch

das Wasser strömende Luft dieses in Bewegung hält und den Sauerstoff/ Kohlendioxidaustausch an der Wasseroberfläche begünstigt.

Jetzt, wo ein funktionierendes System geschaffen wurde, und dieses so natürlich wie möglich für Fische gestaltet wurde, ist es an der Zeit, die für die Größe Ihres Aquariums geeignetsten Arten auszuwählen.

Südamerikanische Welse

Familie: ARIIDAE, Kreuzwelse

Diese weitverbreitete Familie kommt an tropischen Küsten und Flußufern vor. Die Jungfische tragen oft weißspitzigen Flossen, und alle Arten haben einen stromlinienförmigen Körperbau.

Arius seemani

Handelsname: Westamerikanischer Kreuzwels, "Minihai".

Verbreitung: Die Mündungen nördlicher Flüsse in Südamerika.

Biotop: Die Strömung in der Gezeitenzone zwischen Süßwasser und Meerwasser.

Maximale Gesamtlänge: 600 mm.

Nahrung: Garnelen, Krabben und Fische.

Ablaichverhalten: Ausgewachsene Männchen tragen Eier und gerade geschlüpfte Jungfische im Maul, bis diese freigelassen werden können — wenn sie in der Lage sind, sich selbst zu verteidigen. Abgelaicht wird im Meerwasser. Unter Aquariumbedingungen wurde bisher noch kein Ablaichen beobachtet. Die Männchen sind schlanker als die Weibchen.

1. *Corydoras davidsandsi* fühlen sich, wie alle *Corydoras*-Arten am wohlsten, wenn sie in Gruppen gepflegt werde.
2. *Rhamdia quelen* ist in Süd- und Mittelamerika weitverbreitet.
3. *Arius seemani.*
4. *Aspredo cotylephorus*, Küstenflüsse, Guyana.
5. *Aspredo cotylephorus*, Bauchseite mit Eiern.

Aquariumpflege: Kreuzwelse sind territorial; gegenüber anderen, größeren oder gleichgroßen Fischen verhalten sie sich recht friedlich. Sie eignen sich nur für große Aquariumanlagen.

Familie: ASPREDINIDAE, Banjowelse, Bratpfannenwelse.

Aspredo cotylephorus

Handelsname: Aalbratpfannenwels.
Verbreitung: Venezuela, Guyana und Brasilien.
Biotop: Brackwasser und um Mangrovensümpfe.
Maximale Gesamtlänge: 300 mm.
Nahrung: Garnelen und andere kleine Krebstiere.
Ablaichverhalten: Dem Autor ist es gelungen, *Aspredo* Junge von einem Tier, das bei der Einfuhr Eier trug, erfolgreich im Aquarium aufzuziehen. Das Ablaich- und Brutverhalten wurden nie völlig erforscht und bleibt bisher ein Geheimnis, auch für die Wissenschaftler, die sich mit dieser Gruppe beschäftigen. Es ist nicht bekannt, wo und wie abgelaicht wird, und auch nicht wann und wie die Eier am Bauch festgemacht werden. Man glaubt, daß es die Weibchen sind, die die Eier austragen (u. z.

Diese Familie kann in zwei deutlich unterscheidbare Gruppen aufgeteilt werden: die größeren Aalformen, die in Mündungen und Küstensümpfen des nördlichen Südamerika leben, und die weitverbreiteten, kleineren, bratpfannenförmigen Arten mit einem runzligen Kopf, die in langsamfließenden Waldströmen leben. Im Aquarium laichen sie selten ab, obwohl es Berichte darüber und über das Austragen von Eiern in Gefangenschaft gibt.

1. *Aspredo platystacus*, Küstengewässer im nördlichen Südamerika.
2. *Bunocephalichthys verrucosus*, weitverbreitet im Amazonas.
3. *Dysichthys coracoideus*, weitverbreitet im Amazonas.

an der Bauchwand mit Hilfe winziger Gewebestreifen, die als "Kotylephoren" oder Eistiele bekannt sind). Nach Aussage einiger Aquarianer kann man das Geschlecht bei *Aspredo* anhand des Farbmusters bestimmen. Die Männchen sollen schwarz, braun und weiß gesprenkelt sein, während die Weibchen relativ einfarbig sein sollen.

Aquariumpflege: Eine friedliche, nichträuberische Art. Überlebt selten lange in überstockten Gesellschaften, da dieser Wels klares Wasser (im chemischen Sinne) und viel Schwimmraum benötigt.

Dieser Wels, der ursprünglich als *Platystacus* bekannt war, wurde der Gattung *Aspredo* zugeordnet. Der Aalwels kann bis zu 300 mm lang werden, obwohl er meistens mit einer Länge von 50 - 75 mm importiert wird. Er kommt häufig in Uferzonen der Meere und an Flußmündungen im nördlichen Südamerika vor. Er eignet sich am besten für klares, neutral bis alkalisches Wasser. Wahrscheinlich wandert dieser Wels aus Brackwasser- oder Süßwassermündungen in sicheres Niedrigwasser ein, wo die Weibchen ihre Eier, die an der Bauchwand angeheftet sind, austragen. Diesen Welsen sollte man viel Schwimmraum gewähren.

Bunocephalichthys verrucosus

Handelsname: Großkopf-Bratpfannenwels.

Verbreitung: Guayana bis Brasilien.

Biotop: Ströme mit Laub, Tümpel mit fließendem Wasser und kleine Bäche.

Maximale Gesamtlänge: 75 mm.

Nahrung: Insektenlarven und Wirbellose.

Ablaichverhalten: Es wird angenommen, daß diese Art zwischen Schwimmpflanzen ablaicht. Die Männchen sind kleiner und manchmal stärker gezeichnet als die Weibchen.

Aquariumpflege: Dieser Wels mit dem runzligen Kopf ist ideal für kleine Gesellschaftsaquarien.

Die flachen Köpfe und länglichen Schwänze haben dieser Welsgruppe ihren Handelsnamen verliehen. Die kleinen Bratpfannenwelse kann man leicht an den deutlichen Kopffalten erkennen. Es ist eine in Guayana und Brasilien weitverbreitete Art, wo das dunkle und hellbraune Farbmuster eine perfekte Tarnfärbung darstellt, wenn sie regungslos auf dem Boden der langsamfließenden Regenwaldflüsse liegen.

Dysichthys coracoideus

Handelsname: Zweifarbiger-Bratpfannenwels.

Verbreitung: Brasilien, Peru und nördliches Südamerika.

Biotop: Langsamfließende Regenwaldflüsse, Teiche und Bäche.

Maximale Gesamtlänge: 100 -125 mm .

Nahrung: Insektenlarven und andere

kleine Wirbellose und Krebstiere.

Ablaichverhalten: Mehrere Eier werden nachts frei auf dem Substrat oder in Pflanzenbeeten abgelaicht und können in einen speziellen Behälter oder in ein Netz überführt werden. Die Larven schlüpfen nach drei Tagen. Die Männchen sind kleiner und schlanker als die Weibchen.

Aquariumpflege: Ein ausgezeichneter Gesellschaftswels.

Nur selten enthalten Importe tropischer Fische aus Südamerika keine *Dysichthys*-Art, die eine Bratpfannenform haben und so getarnt sind, daß sie wie welke Blätter aussehen. Der zweifarbige Banjowels ist tagsüber nur selten aktiv, beginnt aber, wie alle Nachttiere, bereits in der Dämmerung nach Nahrung zu suchen.

Familie: AUCHENIPTERIDAE, Falsche Dornwelse

Die Falschen Dornwelse haben keine Schuppen, und die Arten dieser Familie sind in Mündungs- und Regenwaldformen unterteilt. Die Brackwasserarten sind meistens schnelle Schwimmer und haben normalerweise eine Stromlinienform, während die Inlandwasserformen weniger gute Schwimmer und mehr rechteckig geformt sind. In dieser Familie findet man eine breite Größenspanne, von großen, fußlangen Arten (*Parauchenipterus*) bis zu Zwergformen (*Trachelyichthys*). All diese Arten laichen nur selten im Aquarium ab, dennoch ist es dem verstorbenen Hans Franke gelungen, mehrere Arten zum Ablaichen zu bringen, und einem führenden japanischen Fischzüchter, Azuma, gelang es unter Verwendung von Hormonen, *Parauchenipterus* zum Ablaichen zu bewegen.

Auchenipterichthys thoracatus

Handelsname: Zamorawels.

Verbreitung: Peru und Brasilien.

Biotop: Kleine Nebenflüsse und Waldströme.

Maximale Gesamtlänge: 100 - 125 mm.

Nahrung: Insektenlarven, Krebstiere und andere kleine Wirbellose.

Ablaichverhalten: Das Paar schwimmt nebeneinander her und windet sich umeinander, wobei eine innerliche Befruchtung den Brutvorgang abschließt. Die befruchteten Eier werden danach abgelaicht, und die Larven schlüpfen innerhalb einiger Tage. Eine erfolgreiche Aquariumnachzucht wurde noch nicht beschrieben. Die Männchen sind deutlicher gemustert als die Weibchen, mit Reihen weißer Punkte auf dem Körper, und haben eine verlängerte Spitze an der Afterflosse, die beim Brüten eine Rolle spielt.

Aquariumpflege: Sie verhalten sich gegenüber ähnlich großen Fischen friedlich.

Diese kleinen Falschen Dornwelse werden regelmäßig aus der Peru-Zamora-Region importiert und sind leicht an der Reihe weißer Punkte auf dem dunkelblauen Körper zu erkennen. Wie alle anderen Mitglieder dieser ungewöhnlichen Familie ist der Zamorawels extrem nachtaktiv.

Entomocorus benjamini

Handelsname: Kleiner Schlafwels.

Verbreitung: Bolivianische Flüsse.

Biotop: Kleine Regenwaldströme.

Maximale Gesamtlänge: 75 mm.

Nahrung: Kleine Krebstiere und Wirbellose.

Ablaichverhalten: Unbekannt. Die Männchen tragen auffällig lange, "fließende" Brustflossen und verlängerte Afterflossen.

Aquariumpflege: Friedlich.

Obwohl dieser kleine Wels den Wissenschaftlern seit seiner Beschreibung 1917 bekannt ist, war er unter Aquarianern fast unbekannt, bis er erst siebzig Jahre später durch Impor-

1. *Auchenipterichthys thoracathus.*
2. *A. longimanus*, Weibchen.
3. *A. longimanus*, Männchen.
4. *Entomocorus benjamini.*
5. *Liosomadoras oncinus.*

te dem Aquariumhandel zugänglich wurde. Er ähnelt *Parauchenipterus* und könnte vom Aussehen her für eine Zwergform dieser Gattung gehalten werden.

Liosomadorus oncinus

Handelsname: Jaguarwels — Morrowiwels.

Verbreitung: Brasilien.

Biotop: Flüsse und Ströme.

Maximale Gesamtlänge: 150 mm.

Nahrung: Krebstierchen und andere Wirbellose, kleine Fische.

Ablaichverhalten: Bisher wurden diese Welse im Aquarium noch nicht zum Ablaichen gebracht, obwohl ihr Ablaichverhalten wahrscheinlich dem der anderen bekannten Bratpfannenwelse entspricht. Die adulten Männchen scheinen stärker gemustert zu sein als die ausgewachsenen Weibchen und sind wahrscheinlich kleiner und schlanker.

Aquariumpflege: Da es sich bei diesen Welsen um Nachträuber handelt, sollten sie nur mit größeren oder gleichgroßen Fischen zusammen gepflegt werden. Der Jaguarwels kommt in vielen Farbvarianten vor, von denen einige für gesonderte Arten gehalten werden. Dieser Wels ist sehr leicht zu pflegen und paßt sich an die unterschiedlichsten Wasserverhältnisse an und akzeptiert alle möglichen Futtersorten.

Als einer der schönsten aller südamerikanischen Welse, kann der Jaguarwels an seinen auffälligen, gelben Flecken und Linien auf dem dunkelbraunen Körper erkannt werden. Er ist einzigartig, da er deutliche Merkmale zweier verschiedener Welsfamilien trägt. Er hat, wie alle *Auchenipteridae,* keine Schuppen, besitzt aber einen Kiemendorn und eine breite Fettflosse, ein charakteristisches Merkmal der Dornwelse. Die Wissenschaftler sind sich noch nicht einig, zu welcher Familie der Jaguarwels gehört, gegenwärtig wird er aber zur Familie *Auchenipteridae* gerechnet.

Parauchenipterus galeatus

Handelsname: Wurzelwels.

Verbreitung: Stammen fast alle aus dem südamerikanischen Amazonasgebiet.

Biotop: Flüsse und Bäche.

Maximale Gesamtlänge: 200 mm.

Nahrung: Kleine Fische, Krebstiere und andere Wirbellose.

Ablaichverhalten: Über Ablaichvorgänge nach Hormonbehandlung wurde berichtet, und ich selbst konnte mehrmals Balzspiele dieser Art

1. *Parauchenipterus galeatus*, weitverbreitet im Amazonas.
2. *Tatia galaxias*, Venezuela.

beobachten, wobei das Männchen bei der Kopulation seinen Körper um den des Weibchens wickelt. Die Eier werden einige Zeit nach der Befruchtung abgelaicht, so daß hier die erfolgreiche Befruchtung nicht durch das unmittelbares Ablaichen von Eiern bestätigt wird. Die Eier können erst viel später abgelaicht werden oder von den Eltern oder anderen Fischen aufgefressen werden. Die ausgewachsenen Männchen sind stärker gezeichnet als die größeren Weibchen und tragen eine

2

verlängerte Afterflosse, die beim Brüten eine Rolle spielt.

Aquariumpflege: Dieser Wels eignet sich nicht für kleine Gesellschaftsaquarien, da er eine räuberische Natur hat. Er wird jeden Fisch fressen, der klein genug ist, um in sein Maul zu passen, wenn er nachts auf Nahrungssuche geht. Er erfreut sich an vielen Versteckmöglichkeiten, wie z. B. ausgehölten Holzstücken und speziell dazu angefertigten Höhlen.

Es ist die in Südamerika am häufigsten vorkommende Art. Die Männchen sind schöner gezeichnet als die Weibchen, mit unregelmäßigen, schwarzen Flecken und Linien auf dem beigen Körper. Die Jungtiere sind die interessantesten und ungewöhnlichsten Räuber für mäßiggroße Gemeinschaftsbecken (90 - 120 mm). Die ausgewachsenen Tiere können jedoch während der Nacht zerstörerisch wirken, indem sie Pflanzen ausgraben und andere Fische aus ihren Höhlen, Töpfen und Holzverstecken jagen. Sie sind vor allem bei der Futtersuche besonders aktiv, aber auch wenn sie nach Plätzen suchen, an denen sie sich tagsüber verstekken können.

Tatia aulopygia

Handelsname: Schwarze Zwergdornwels.

Verbreitung: Surinam und Brasilien.

Biotop: Nebenflüsse und Regenwaldströme.

Maximale Gesamtlänge: 75 mm.

Nahrung: Kleine Wirbellose und Krebstiere.

Ablaichverhalten: Interne Befruchtung; die Eier werden 24 - 48 Stunden danach abgelaicht. Die Männchen

1. *Trachelyichthys decaradiatus,* Guyana
2. *Trachelyichthys exillis,* Männchen, Peru.
3. *T. exillis,* Weibchen.
4. *Trachelyopterichthys taeniatus,* Brasilien.
5. *T. taeniatus,* Kopfdetail.
6. *Aspidoras albater,* Brasilien.

tragen eine verlängerte Afterflosse.

Aquariumpflege: Ein idealer Wels für kleine Gesellschaftsbecken.

Dieser rußschwarze Wels kommt in zwei Farbvarianten vor: eine ganz schwarz, die andere gesprenkelt mit weißen Flecken. Beide Formen werden bisweilen aus Südamerika importiert. Diese schlanken, torpedoförmigen Welse leben in und um Baumstümpfe, im Falllaub und in kleinen Öffnungen im Flußufer.

Trachelyichthys decaradiatus

Handelsname: Guayanischer Zwergdornwels.

Verbreitung: Guayana und Brasilien.

Biotop: Kleine Flüsse und Nebenarme größerer Flüsse.

Maximale Gesamtlänge: 75 mm.

Nahrung: Kleine Krebstiere und Insekten.

Ablaichverhalten: Die Eier werden intern befruchtet, es ist jedoch nicht sicher, wann sie nach der Kopulation abgelaicht werden. Es wird über verstreut herumliegende, 4 mm große Eier berichtet — was im Vergleich zur adulten Größe der Tiere groß erscheint. Die Weibchen sind einfarbig und etwas größer als die Männchen, die eine modifizierte Afterflosse besitzen, die sie bei der Kopulation verwenden.

Aquariumpflege: Eine ideale Seltenheit für ein kompaktes Aquarium; er kann jedoch auf kleine Jungfische Jagd machen.

Diese Art ist seit 1974 in der Wissenschaft bekannt. Sie war lange die einzig bekannte Art, bis eine peruvianische Art, *Trachelyichthys exilis*, 1977 beschrieben wurde. Importe beider Arten kommen nicht häufig vor, obwohl während der letzten Jahre mehrere Tiere in ungewöhnlichen Sendungen aus Südamerika vorhanden waren.

Trachelyopterichthys taeniatus

Handelsname: Falscher Streifendornwels.

Verbreitung: Brasilien.

Biotop: Nebenflüsse, in und um Kienholz und Falllaub.

Maximale Gesamtlänge: 300 mm.

Nahrung: Krebstiere und andere Wirbellose und junge Fische.

Ablaichverhalten: Unbekannt. Man glaubt, daß die Eier innerlich befruchtet werden. Die Männchen sind viel leuchtender gefärbt und stromlinienförmiger als ihre weiblichen Partner.

Aquariumpflege: Dieser Wels wirkt viel zerbrechlicher als viele der Falschen Dornwelse und erfordert eine Wasserqualität besser als der Durchschnitt. Da es sich um einen Räuber handelt, ist er nicht für Gesellschaftsbecken mit kleinen, lebendgebärenden Fischen, Salmlern und Rasboras geeignet. Der Falsche Streifendornwels neigt dazu, jeden mundgerechten Fisch während der Nacht, wenn die Gesellschaftsfische ruhen und die Nachtfische aktiv sind, aufzufressen.

4

5

Dieser lange, schlanke, gelb- und braungestreifte Wels ist der Wissenschaft seit über 120 Jahren bekannt, wurde den Aquarianern aber erst 1983 zugänglich. Einige Tiere wurden erst vor kurzem importiert und gedeihen in größeren Gesellschaftsbecken. Ausgewachsene Falsche Streifendornwelse benötigen recht viel Schwimmraum und sollten nicht in Aquarien von weniger als 150 cm Länge gepflegt werden. Sie können in leicht saurem Wasser überleben, gedeihen jedoch am besten bei neutralem pH.

Familie: CALLICHTHYIDAE, Schwielenwelse

Die Schwielenwelse sind allgemein als Panzerwelse bekannt — ein Hinweis auf die Doppelreihe Knochenplatten, die die Flanken bedecken. Die Arten in dieser Gruppe werden weltweit von den angebotenen Welsen als die bei den Aquarianern beliebtesten angesehen. Die Gattung *Corydoras* umfaßt die größte Anzahl Arten, andere Gattungen, z. B. *Callichthys*, *Dianema* und *Hoplosternum*, enthalten dagegen nur eine Handvoll Arten. Alle Arten aus dieser Gruppierung stellen ideale Begleiter in Gesellschaftsbecken dar, obwohl die größeren Formen der Gattungen *Callichthys* und *Hoplosternum* die Pflanzen in einem begrünten Aquariumsystem ausgraben können. Die meisten Formen wurden schon im Aquarium zum Ab-

6

laichen gebracht, mit einer Ausnahme, u. z. *Dianema*. Die kleineren Formen, wie z. B. *Aspidoras*, *Brochis* und *Corydoras* sind Eierverstreuer, die größeren Formen aber vorwiegend Luftblasennestbrüter.

Aspidoras albater

Handelsname: Falscher Macropterus.

Verbreitung: Brasilien.

Biotop: In kleinen Flüssen und Strömen in und zwischen Falllaub.

Maximale Gesamtlänge: 50 mm.

Nahrung: Kleine Insekten und andere Wirbellose.

Ablaichverhalten: Eier werden verstreut, wie es von *Corydoras* bekannt ist. Die Männchen sind kleiner und schlanker als die Weibchen.

Aquariumpflege: Welse aus Südbrasilien bevorzugen neutrales, weiches Wasser und gedeihen in gut bepflanzen Systemen mit Wasser von guter Qualität.

Obwohl eine der selteneren Arten wurde *Aspidoras albater* als *Corydoras macropterus* importiert und verkauft. Dieser nahe Verwandte von *Corydoras* hat dieselbe braune Grundfärbung und dunkelbraune, diagonale Bänder. *Aspidoras* war in der Anfangszeit als sehr empfindlich bekannt, obwohl diese Art, wenn sie sich erst einmal in ein gesundes System eingelebt hat, wie die meisten Arten gut gedeiht. Sie können wie die Zwerg-*Corydoras* behandelt werden und scheinen sich wie diese leicht an alle möglichen Wasserverhältnisse anzupassen, wenn sie die Eingewöhnungsstadien nach dem Einbringen durchgestanden haben. Es sind weniger als 20 *Aspidoras*-Arten bekannt, von denen drei oder vier von Liebhabern gepflegt werden. Die Identifizierung der einzelnen Arten ist sehr schwierig, und *Aspidoras pauciradiatus* ist die einzige Art, deren Identität eindeutig feststeht.

Aspidoras pauciradiatus

Handelsname: Falscher Corydoras.

Verbreitung: Brasilien.

Biotop: Stromähnliche Gewässer, die Abzweigungen größerer Nebenflüsse sind.

Maximale Gesamtlänge: 25 mm.

Nahrung: Sehr kleine Wirbellose.

Ablaichverhalten: Die Eier werden verstreut, und die Larven sind bisweilen schwierig zum Schlüpfen zu bringen. Die adulten Männchen sind kleiner und schlanker als die Weibchen.

Aquariumpflege: Friedlich. Der Falsche Corydoras ist beim erstmaligen Einbringen ins Aquarium recht empfindlich und bevorzugt neutrales und weiches Wasser, ähnlich den Bedingungen, die die meisten brasilianischen *Corydoras*-

Arten benötigen. Werden neu importierte Tiere schlechtem Wasser ausgesetzt, bleiben sie meistens bewegungslos auf dem Substrat liegen. Manchmal werden einzelne Tiere immer wieder zur Wasseroberfläche schwimmen und kaum fressen. Die meisten *Aspidoras*- und *Corydoras*-Arten verhalten sich derart, wenn sie mit ungünstigen Wasserbedingungen, wie niedrigem pH und schlechter Filterung, konfrontiert werden.

Diese häufig importierte *Aspidoras*-Art ist eine der kleinsten ihrer Gattung. Ursprünglich wurde sie wegen ihrer Körperform als *Corydoras*-Art beschrieben, aber man kann sie von ihren größeren Vettern bei genauerem Hinsehen leicht durch den länglichen Kopf unterscheiden.

Brochis britskii

Handelsname: Britskis Panzerwels.

Verbreitung: Mato Grosso Region in Brasilien.

Biotop: Langsam fließende Flüsse, die im Pflanzenwuchs ersticken.

Maximale Gesamtlänge: 100 mm.

Nahrung: Insektenlarven und Krebstiere.

Ablaichverhalten: Abgelaicht wird wie bei *Corydoras* beschrieben, außer daß die Eizahlen viel größer sind, denn es können mehrere Hundert Eier pro Weibchen produziert werden. Die adulten Weibchen sind etwas größer als die Männchen.

Aquariumpflege: Friedlich.

Diese relativ neue brasilianische Art zeigt den typischen smaragdgrünen *Brochis*-Schimmer, der oft noch durch einen rötlichen Schimmer auf der Schwanzflosse verstärkt wird. Er gleicht vom Aussehen her sehr

1. *Aspidoras pauciradiatus*, Brasilien.
2. *Brochis britskii*, Mato Grosso, Brasilien.
3. *Brochis splendens*, Amazonas.

2

3

B. multiradiatus aus Ecuador und Peru, hat jedoch beim direkten Vergleich eine kleinere Schnauze. *Brochis britskii* bewohnt tiefes Wasser im Rio Guapore in der brasilianischen Mato Grosso Region. Sie leben in langsam fließenden, stark von Pflanzen bewachsenen Flüssen (3 - 6m tief), wo das Wasser weich ist und einen pH von etwa 6,9 - 7,2 hat.

Brochis splendens

Handelsname: Smaragd-Panzerwels, Grüner Panzerwels

Verbreitung: Peru, Ecuador und Brasilien.

Biotop: Kleine Flüsse und Regenwaldströme.

Maximale Gesamtlänge: 75 - 100 mm.

Nahrung: Kleine Insektenlarven und andere Wirbellose.

Ablaichverhalten: Substratlaicher wie *Corydoras*. Die Weibchen sind größer als die Männchen.

Aquariumpflege: Friedlich. *Brochis* zeigt eine Vorliebe für tiefe Aquarien (45 - 60 cm tief) und scheint am aktivsten in Aquarien zu sein, wenn er in einer Gruppe von vier bis sechs Tieren gehalten wird. Diese Welse graben stärker im Substrat nach Futter als *Corydoras* und fressen auch kleine, zermahlene Garnelen und zerschnittene Regenwürmer.

Man kann die Arten der Gattung *Brochis* leicht von *Corydoras* unterscheiden, da sie mehrere Rückenflossenstacheln haben (bis zu sieben). Der Smaragd-Panzerwels wird manchmal in älterer Literatur auch *Brochis coeruleus* genannt und ist die am häufigsten importierte Art.

Brochis multiradiatus

Handelsname: Spitzmaulpanzerwels.

Verbreitung: Ecuador, Brasilien und Peru.

Biotop: Kleine Flüsse.

Maximale Gesamtlänge: 100 - 125 mm.

Nahrung: Insektenlarven und ausgesuchte Krebstiere.

Ablaichverhalten: Eier werden, wie bei *Corydoras*, verstreut oder in Klumpen abgelaicht. Die Weibchen sind größer als die Männchen.

Aquariumpflege: Friedlich. Man kann sie mit fein geschnittenen Garnelen und Regenwürmern füttern und sie in sauberem, hellem, neutralem bis alkalischem Wasser halten.

Diese langnasige Art wurde erstmals in Ecuador entdeckt, wird aber zur Zeit aus Peru importiert. Sie wird für eine der schönsten, kleineren Welse gehalten. Der lange Kopf und die Schnauzenlänge ermöglichen es dem Spitzmaulpanzerwels, im Substrat nach Futter zu graben.

Callichthys callichthys

Handelsname: Schwielenwels.

Verbreitung: Guayana.

Biotop: Gezeitenzone der Flüsse.

Maximale Gesamtlänge: 180 mm.

Nahrung: Garnelen und verschiedene Krebstierchen.

Ablaichverhalten: Die Männchen bauen, wie *Betta splendens* ein Luftblasennest. Die befruchteten Eier werden im Nest abgelaicht und vom Männchen bewacht. Reife Männchen tragen verdickte, rötliche Brustflossen.

Aquariumpflege: Sind friedlich, erweisen sich jedoch als gierige Streiter um Futter. Importe aus Südamerika sind manchmal schwer einzugewöhnen, da sie aus klarem, alkalischem Wasser stammen. Sie benötigen neutrale Wasserverhältnisse, weshalb Aquariumsalze zugefügt werden sollten. Dagegen sind Tiere aus Aquariumnachzuchten sehr anpassungsfähig und gedeihen unter allen möglichen Bedingungen und akzeptieren die meisten zubereiteten und frischen Futtersorten.

Callichthys ist leicht mit *Hoplosternum* zu verwechseln, unterscheidet sich von diesem jedoch durch den abgeflachten Kopf, relativ kleine Augen und kleine, abgerundete Schwanzflossen.

Corydoras acutus

Verbreitung: Peru.

Biotop: Kleine Flüsse und Regenwaldströme.

Maximale Gesamtlänge: 75 mm.

Nahrung: Insektenlarven, Wasserwürmer und die meisten kleinen

1. *Brochis multiradiatus*.
2. *Callichthys callichthys*.
3. *Corydoras acutus*, Peru.
4. *Corydoras adolfoi*, Oberer Rio Negro, Brasilien.

Krebstiere und andere Wirbellose.
Ablaichverhalten: Eierverstreuer; bis zu 30 Eier zwischen Pflanzen. Die Männchen sind schlanker als die Weibchen.
Aquariumpflege: Friedlich. Der Acutus verhält sich im Aquarium recht scheu, ist aber hin und wieder zu beobachten, wenn er aus seinem Versteck herauskommt, um das Substrat nach Futter durchzusieben. Wie viele der Arten aus Peru gedeiht auch diese Art in klarem, neutralem Wasser in mittel- bis sehr großen Aquarien.
Der Acutus ist eine langschnäuzige *Corydoras*-Art, die bisweilen "verborgen" in Fischimporten des sehr populären *Corydoras trilineatus* gefunden werden. Er besitzt wie *Corydoras trilineatus* ein eindeutiges, schwarzes Punktmuster auf dem Rücken und, wenn die Jungfische beider Arten vermischt sind, ist es oft schwer, sie auseinanderzuhalten.

1

2

1. *Corydoras aeneus.*
2. *Corydoras amandajanei*, Oberer Rio Negro, Brasilien.
3. *Corydoras ambiacus*, Peru.
4. *Corydoras araguaiaensis*, Brasilien.

Corydoras adolfoi

Handelsname: Adolfos Wels.
Verbreitung: Oberer Rio Negro, Brasilien.
Biotop: Klare Nebenarme mit Sandsubstrat.
Maximale Gesamtlänge: 50 mm.
Nahrung: Insektenlarven, Krebstiere und andere Wirbellose und Würmer.
Ablaichverhalten: Verstreuen ihre Eier (bis zu 50 Eier auf einmal). Die Weibchen sind etwas größer und robuster, vor allem wenn sie Eier tragen.
Aquariumpflege: Friedlich.
Diese hervorragende Art gedeiht in neutralem, weichem Wasser mit einem hohen Sauerstoffgehalt. Als eine der schönsten *Corydoras*-Arten geltend, unterscheidet sich Adolfos Wels durch seinen orangen Fleck. Er wurde in den nach Süden fließenden, klaren Wasserarmen des Schwarzwasser Rio Negro entdeckt, wo er neben einer längerschnauzigen Art, *Corydoras imitator,* vorkommt, die eine ähnliche Zeichnung hat, aber keinen orangen Fleck auf dem Kopf.

Corydoras aeneus

Handelsname: Metall-Panzerwels.
Verbreitung: Weitverbreitet in Südamerika.
Biotop: Kleine Flüsse und Regenwaldströme.
Maximale Gesamtlänge: 75 mm.

Nahrung: Insektenlarven und die meisten kleinen Wirbellosen und Würmer.

Ablaichverhalten: Eierstreuend — bis zu 400 Eier. Aquariumnachzuchten sind leicht zum Ablaichen zu bringen und aufzuziehen, obwohl Wildfänge recht schwer zum Brüten veranlaßt werden können. Die Weibchen sind sichtlich größer als die Männchen.

Aquariumpflege: Friedlich. Dieser Wels ist die angepaßteste Art im Aquariumhandel, da er unter allen möglichen Wasser- und Temperaturbedingungen im Aquarium überlebt.

Der Metall-Panzerwels, der so wegen seinem rotbraunen Panzer genannt wurde, kommt in der natürlichen Form und als Albino vor. Er ist in Südamerika weitverbreitet, von Trinidad bis zur Küstenlinie der Flüsse Südbrasiliens. Der Metall-Panzerwels wird seit langem auf den Fischfarmen Floridas und im Fernen Osten nachgezogen und wird extensiv auf dem Aquariummarkt angeboten. Es gibt mehrere Wildformen, einschließlich einer Form mit einem eindeutig gelbgeflecktem Kopf, die bisweilen in der Literatur als *Corydoras aeneus schultzi* zu finden ist.

Corydoras amandajaneae

Handelsname: Amandas Wels.

Verbreitung: Oberer Rio Negro, Brasilien.

Biotop: Klare Flußarme mit Falllaubsubstrat.

Maximale Gesamtlänge: 50 mm.

Nahrung: Insektenlarven und die meisten kleinen Wirbellosen und Würmer.

Ablaichverhalten: Verstreuen beim Ablaichen bis zu 100 Eier. Die Weibchen sind etwas größer und robuster, vor allem wenn sie Eier tragen.

Aquariumpflege: Friedlich. Diese Art gedeiht in neutralem, weichem Wasser mit einem hohen Sauerstoffgehalt.

Amandas Wels unterscheidet sich von anderen bekannten Arten dieser Gegend durch seine größere Körperlänge und die lange Schnauze. Er wurde in nach Süden fließenden Nebenarmen des Schwarzwasser Rio Negro entdeckt und lebt neben *Corydoras crypticus* in langsamfließenden Gewässern.

Corydoras ambiacus

Verbreitung: Peru und Kolumbien.

Biotop: Kleine Flüsse und Regenwaldströme.

Maximale Gesamtlänge: 75 mm.

Nahrung: Insektenlarven, Wasserwürmer und die meisten kleinen Wirbellose und Krebstiere.

4

Ablaichverhalten: Eine der wenigen *Corydoras*-Arten, die bisher noch niemals im Aquarium abgelaicht haben. Die Weibchen sind größer als die Männchen.

Aquariumpflege: Friedlich. Diese Art paßt sich leicht an die unterschiedlichsten Wasserbedingungen an, jedoch könnte klares, neutrales Wasser sie vielleicht zum Laichen anregen.

Diese Art ist den Aquarianern gut bekannt, wenn auch der wissenschaftliche Name gewöhnlich nicht benutzt wird. Obwohl er in freier Natur sehr häufig vorkommt und oft importiert wird, wurde er im Aquarium noch nicht zum Ablaichen gebracht.

Corydoras araguaiensis

Handelsname: Araguaiwels.

Verbreitung: Fluß Araguai, Brasilien.

Biotop: Klare Nebenarme mit Sandsubstrat.

Maximale Gesamtlänge: 50 mm.

Nahrung: Insektenlarven und die meisten Wirbellosen, sowie Würmer.

Ablaichverhalten: Verstreuen bis zu 50 Eier auf einmal. Die Weibchen sind etwas größer und robuster, vor allem wenn sie Eier tragen.

Aquariumpflege: Friedlich.

Diese gepunktete Art gedeiht in neutralem, weichem Wasser mit einem hohen Sauerstoffgehalt. Der Wels im Fluß Araguai unterscheidet sich von den zwei Arten im Mato Grosso, *C. haraldschultzei* und *C. sterbai* (beide mit orangen Bauchflossen), mit denen er oft verwechselt wird, durch seine Fleckenzeichnung, anstatt der Netz- oder weißen Punktzeichnung.

Corydoras arcuatus

Handelsname: Stromlinien-Panzerwels.

Verbreitung: Peru und Brasilien.

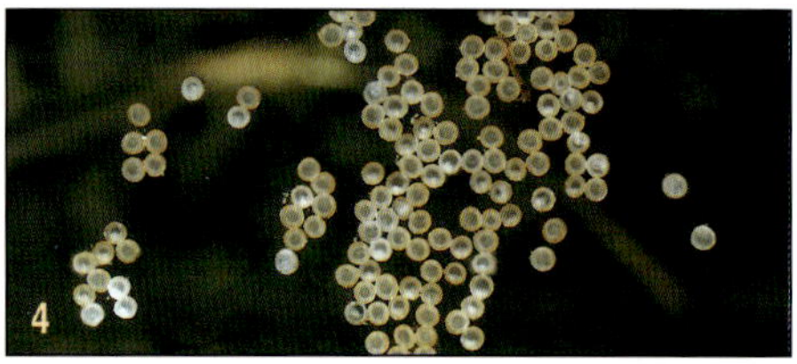

1. *Corydoras arcuatus.*
2. *Corydoras barbatus*, (Rio de Janerio Variante), Brasilien
3. *C. barbatus* beim Fressen im Flußsand.
4. *C. barbatus* Eier sind robust, wie bei den meisten *Corydoras*-Arten. Sie können vom Glas abgepflückt werden, um sie in einem separaten Becken schlüpfen zu lassen.
5. *Corydoras bondi*, (coppenamensis Variante), Colombia.
6. *Corydoras burgessi*, Oberer Negro, Brasilien.

Biotop: Flüßchen mit klarem Wasser.
Maximale Gesamtlänge: 50 mm.
Nahrung: Insektenlarven und die meisten kleinen Wirbellose und Würmer.
Ablaichverhalten: Etwa 20 - 30 Eier werden zwischen Pflanzen abgelaicht. Die Weibchen sind etwas größer und hochrückiger als die Männchen.
Aquariumpflege: Friedlich. Im Aquarium fühlt sich der Stromlinien-Panzerwels in neutralem bis leicht alkalischem Wasser wohl, schmollt jedoch in extrem saurem Wasser.

Der Stromlinien-Panzerwels zeigt einen deutlichen, schwarzen Streifen auf der Körperoberseite, der sich über den Rücken und durch die Augen zieht. Sein Muster verleiht ihm Dekkung und lenkt seine Feinde zu Wasser und zu Lande ab, da dieser hübsche Wels im klaren Wasser bei Ansicht von oben einem Stück Abfall gleicht.

Corydoras barbatus

Handelsname: Schabracken-Panzerwels.
Verbreitung: Brasilien.
Biotop: Küstenbäche.
Maximale Gesamtlänge: 100 mm.
Nahrung: Insektenlarven und die meisten kleinen Wirbellosen und Würmer.
Ablaichverhalten: Die Eier werden in Gruppen von 5-7 hoch oben am Aquariumglas angebracht. Die Männchen sind schlanker und deutlicher gefärbt als die Weibchen. Während des Brütens tragen die Männchen Kopfborsten.
Aquariumpflege: Friedlich. Diese südbrasilianische Art ist eine der wenigen langschnäuzigen Arten in der Gattung, in der die Männchen beim Brüten Wangenborsten entwickeln. Sie fühlen sich unter allen möglichen Wasserbedingungen wohl und scheinen in einem gesunden Aquarium leicht abzulaichen.

Der Schabracken-Panzerwels ist eine der größten der bekannten *Corydoras*-Arten und kommt in mindestens zwei Formen vor: einer weißschnäuzigen aus Rio de Janeiro und einer anderen aus São Paulo, die sicher einmal als eine andere Art beschrieben werden wird. Die Wissenschaftler haben schon festgestellt, daß beide Formen genetisch unterschiedlich sind.

Corydoras bondi

Handelsname: Bonds Wels.
Verbreitung: Venezuela.
Biotop: Kleine Nebenflüsse.
Maximale Gesamtlänge: 50 mm.
Nahrung: Insektenlarven und die meisten kleinen Wirbellosen und Würmer.

5

6

Ablaichverhalten: Legen pro Laich bis zu 40 Eier. Die Männchen sind schlanker als die Weibchen.

Aquariumpflege: Friedlich. Bonds Wels paßt sich leicht an Aquariumbedingungen an und akzeptiert allerlei Futtersorten.

Corydoras bondi kommt noch in einer anderen Form vor, die als *Corydoras bondi coppenamensis* aus dem Fluß Coppename in Surinam bekannt ist. *Corydoras bondi* ist ein kleiner, blaßgefärbter Wels mit einem schwarzen, mittseitlichen Streifen und Punkten über dem Körper. *Corydoras bondi coppenamensis* ist ähnlich gezeichnet, jedoch sind die Punkte auf dem Kopf größer und deutlicher.

Corydoras burgessi

Handelsname: Burgess Wels

Verbreitung: Oberer Rio Negro Zufluß, Brasilien.

Biotop: Klare Flußarme mit Sandsubstrat.

Maximale Gesamtlänge: 50 mm.

Nahrung: Insektenlarven und die meisten kleinen Wirbellosen und Würmer.

Ablaichverhalten: Verstreuen bis zu 50 Eier pro Laich. Die Weibchen sind etwas größer und robuster, vor allem, wenn sie Eier tragen.

Aquariumpflege: Friedlich. Diese Art fühlt sich in neutralem, weichem Wasser mit einem hohen Sauerstoffgehalt wohl. Der Burgess Wels ist eine populäre Art, die mit vielen anderen attraktiven Arten aus der Oberen Rio Negro Region importiert wird. Im Aquarium sollte diese Art wie *Corydoras adolfoi* behandelt werden und in frischem Wasser gepflegt werden.

Corydoras caudimaculatus

Handelsname: Schwanzfleck-Panzerwels.

Verbreitung: Brasilien.

Biotop: Kleine Nebenarme großer Bäche und Flüsse.

Maximale Gesamtlänge: 50 mm.

Nahrung: Insektenlarven und die meisten kleinen Wirbellosen und Würmer.

Ablaichverhalten: Typisch wie bei den meisten *Corydoras*-Arten. Die Männchen sind schlanker und

2

1. *Corydoras caudimaculatus*, Brasilien.
2. *Corydoras davidsandsi*, Oberer Rio Negro, Brasilien.
3. *Corydoras delphax*, Kolumbien.
4. Betrachtet man *Corydoras duplicareus, Corydoras serratus*, und *Brachyrhamdia rambarrani* von oben, haben sie ein auffallend ähnliches Farbmuster. Diese Gruppe wurde vom Autor in einem Nebenfluß des Oberen Rio Negro, Brasilien, gefangen.

weniger robust als die Weibchen.

Aquariumpflege: Friedlich. Der Schwanzfleck-Panzerwels ist extrem anpassungsfähig an Aquariumbedingungen und laicht, wenn er sich erst einmal eingewöhnt hat, leicht ab.

Wildfänge waren eine Zeitlang sehr gefragt, aber diese Art ist überhaupt bei den Welsliebhabern sehr begehrt.

Corydoras davidsandsi

Handelsname: Sands'-Panzerwels.

Verbreitung: Oberer Rio Negro, Brasilien.

Biotop: Klare Nebenarme mit Sandsubstrat.

Maximale Gesamtlänge: 60 mm.

Nahrung: Insektenlarven und die meisten, kleinen Wirbellosen und Würmer.

Ablaichverhalten: Verstreuen bis zu 50 Eier pro Laich. Die Weibchen sind etwas größer und robuster, vor allem wenn sie Eier tragen.

Aquariumpflege: Friedlich. Diese Art gedeiht gut in neutralem, weichem Wasser mit einem hohen Gehalt an gelöstem Sauerstoff.

Sands'-Panzerwels ist eine attraktive *Corydoras*-Art, die sich von *C. melini* und *C. metae* (der nördlichen Südamerikaarten mit einer ähnlichen Farbzeichnung) durch die größere Körperlänge und den etwas längeren Kopf unterscheidet. Es ist eine andere Art, die im klaren Wasser der südlichen Nebenflüssen des Oberen Schwarzwasser-Rio Negro entdeckt wurde. Er lebt in klaren, langsamfließenden Strömen.

Corydoras delphax

Handelsname: Inirida-Panzerwels.

Verbreitung: Kolumbien.

Biotop: Kleine Flüsse und Regenwaldströme.

Maximale Gesamtlänge: 75 mm.

Nahrung: Insektenlarven und die meisten kleinen Wirbellosen und Würmer.

Ablaichverhalten: Eierstreuend wie die anderen *Corydoras*-Arten, wurde aber selten im Aquarium nachgezogen. Die Männchen sind kleiner als die Weibchen.

Aquariumpflege: Friedlich. Dieser Wels erwies sich in Gefangenschaft als sehr widerstandsfähig und anpas-

sungsfähig, und ist eine ideale Art für Gesellschaftsaquarien.

Diese kolumbianische Art wurde ursprünglich falsch als *Corydoras blochi* identifiziert. Es ist eine der am häufigsten importierten Arten unter kolumbianischen Exporten tropischer Fische. Es gibt mehrere Farbvarianten. Eine davon ist dunkel, fast schwarz, und mit einem blassen Sattelfleck verziert, der sich von der Rückenflosse bis zur mittleren Körperregion erstreckt.

Corydoras duplicareus

Verbreitung: Brasilien.

Biotop: Kleiner Nebenfluß des Oberen Rio Negro.

Maximale Gesamtlänge: 60 mm.

Nahrung: Insektenlarven und die meisten kleinen Wirbellosen und Würmer.

Ablaichverhalten: Laichen nur selten ab, mit Gelegegrößen von 30-60 Eiern. Die Jungtiere sind heller gemustert als *Adolfoi*-Jungfische.

Aquariumpflege: Friedlich.

Diese Art kann leicht mit *Corydoras adolfoi* verwechselt werden, obwohl sie größer wird und einen deutlich breiteren Streifen auf dem Körper trägt. Die Bedingungen, unter denen diese "Kopie" von *Corydoras adolfoi* gepflegt werden sollte, ähneln denen dieser Art: klares, sauberes Wasser mit einem hohen Sauerstoffgehalt.

Corydoras elegans

Handelsname: Schraffierter Panzerwels.

Verbreitung: Brasilien, Ecuador und Peru.

Biotop: Bäche und kleine Flüsse.

Maximale Gesamtlänge: 50 mm.

Nahrung: Insektenlarven und die meisten kleinen Wirbellosen und Würmer.

Ablaichverhalten: Ist sehr leicht zum Ablaichen zu bringen, wenn er geschlechtsreif ist. Die 50 -125 Eier sind sehr widerstandsfähig und zeigen eine hohe Schlüpfrate. Die Männchen sind stärker gezeichnet als die Weibchen.

Aquariumpflege: Friedlich. *Corydoras elegans* paßt sich äußerst leicht an alle möglichen Wasserverhält-

1. *Corydoras elegans*, Brasilien.
2. *Corydoras haraldschultzei*, Mato Grosso, Brasilien.
3. *Corydoras habrosus*, Venezuela.
4. *Corydoras hastatus*, Amazonas.

nisse an, und ist, wegen der kleinen Größe der adulten Tiere, die perfekte Wahl für ein mäßig großes Gesellschaftsbecken.

Diese Art ist in Südamerika weitverbreitet, wenn auch die meisten der eingeführten Tiere aus Peru stammen.

Corydoras haraldschultzei

Handelsname: Prachtcorydoras.

Verbreitung: Mato Grosso, Brasilien.

Biotop: Klares, tiefes Wasser.

Maximale Gesamtlänge: 75 mm.

Nahrung: Insektenlarven und die meisten kleinen Wirbellosen und Würmer.

Ablaichverhalten: Bis zu 75 Eier werden pro Laich verstreut. Die Weibchen sind etwas größer und robuster, vor allem wenn sie Eier tragen.

Aquariumpflege: Friedlich. Der Prachtcorydoras ist eine robuste Art, die sich in klarem Wasser von guter Qualität wohlfühlt. Sie gedeihen gut in sauberen, langen und hohen Aquarien.

Diese netzförmig gemusterte Art lebt zusammen mit der Mato Grosso Variante von *C. sterbai* im Guaporé Flußsystem. Diese Art hat, wie der weißgepunktete *C. sterbai,* deutlich gezeichnete, "orange" Brust- und Bauchflossen.

Corydoras habrosus

Verbreitung: Kolumbien und Venezuela.

Biotop: Kleine Ströme.

Maximale Gesamtlänge: 25 mm.

Nahrung: Insektenlarven und die meisten kleinen Wirbellosen und Würmer.

Ablaichverhalten: Laicht in bepflanzten Aquarien ab. Die Weibchen sind etwas größer als die Männchen.

Aquariumpflege: Friedlich. Diese Welse können jedoch durch Schmerlen und andere, robustere Welse leicht verletzt werden und sollten daher mit harmloseren Arten zusammen gepflegt werden.

Dieser winzige venezolanische Wels gehört zu einer der kleinsten Arten der Gattung. In Kolumbien ist er als *Corydoras cochui* bekannt (eine gültige brasilianische Art laut neueren Untersuchungen), was zu viel Verwirrung in der Aquariumliteratur geführt hat. Als Zwergart stellt sie einen idealen Bodenbewohner für kleine bis mittelgroße Aquarien dar.

Corydoras hastatus

Handelsname: Sichelfleck-Panzerwels.

Verbreitung: Brasilien und Paraguay.

Biotop: In klarem Wasser von Nebenflüssen.

Maximale Gesamtlänge: 25 mm.

Nahrung: Kleine Wasserwirbellose und Algen.

Ablaichverhalten: Dieser Zwergwels produziert einige, überraschenderweise große Eier. Einige Jungfische werden in einem bepflanzten Aquarium unbewacht schlüpfen, jedoch berichten viele Aquarianer, daß die ausgewachsenen Welse die frischgeschlüpften Jungfische auffressen. Die Männchen sind kleiner als die Weibchen.

Aquariumpflege: Eine ausgezeichnete Schwarmart im offenen Wasser, die sich ideal für ein kleines Gesellschaftsaquarium eignet. Es sei jedoch angeraten, sie nicht in einem Aquarium mit größeren Buntbarschen oder Salmlern zu halten, da sie leicht von Raubfischen für Beute gehalten werden können! Sie fühlen sich in bepflanzten Aquarien mit Salmlerschwärmen, Rasboras und kleineren, friedlichen Karpfenähnlichen Fischen wohl.

Die Wissenschaftler hielten früher die paraguayische Form für eine andere Art als die brasilianische, und gaben ersterer einen anderen Namen — *Corydoras australe*. Der schwarze Fleck auf dem Schwanz unterscheidet diese Art von einem anderen schwarmbildenden Zwergwels, *Corydoras pygmaeus*, der zwar ebenfalls eine winzige Körpergröße hat, aber als weiteres Unterscheidungsmerkmal einen schwarzen, lateralen Streifen trägt.

Corydoras imitator

Handelsname: Imitator-Panzerwels.

Verbreitung: Oberer Rio Negro, Brasilien.

Biotop: Nebenarme mit klarem Wasser und Sandsubstrat.

Maximale Gesamtlänge: 75 mm.

Nahrung: Insektenlarven und die meisten Wirbellose und Würmer.

Ablaichverhalten: Verstreuen bis zu 150 Eier während eines einzigen Laichs. Die Weibchen sind etwas größer und robuster, vor allem wenn sie Eier tragen.

Aquariumpflege: Friedlich. Diese scheue Art fühlt sich in neutralem,

1

weichem Wasser mit einem hohen Sauerstoffgehalt wohl.

Sie unterscheidet sich von *C. adolfoi* durch den Besitz einer langen Schnauze und durch das Fehlen des eindeutigen, orangen Kopfflecks. Sie wurde in den nach Süden fließenden, klaren Nebenarmen des Schwarzwasser-Rio Negro entdeckt.

Corydoras julii

Handelsname: Leopard-Panzerwels.
Verbreitung: Brasilien.
Biotop: Kleine Flußarme.
Maximale Gesamtlänge: 50 mm.
Nahrung: Insektenlarven und die meisten Wirbellose und Würmer.
Ablaichverhalten: Diese Art konnte im Aquarium noch nicht zum Ablaichen gebracht werden. Die Männchen sind kleiner als die Weibchen.
Aquariumpflege: Friedlich. *Corydoras julii* ist eine winzige, feine Art, die sich nur für kleine, friedliche Gesellschaftsbecken eignet. Er beansprucht keine besondere Wasserqualität, sondern fühlt sich sowohl bei sauren als auch neutralen pH-Werten wohl.

Der Name "Julii" ist bei den Aquarianern gut bekannt. Er gehört einem herrlichen, attraktiven brasilianischen Wels — ein silberweißer Körper mit feinen, schwarzen Punkten verziert — der oft mit *Corydoras trilineatus* verwechselt wird, der ein ähnliches Farbmuster hat.

Corydoras leopardus

Handelsname: Leopard-Panzerwels.
Verbreitung: Brasilien und Kolumbien.
Biotop: Braunwasserflüsse.
Maximale Gesamtlänge: 75 mm.
Nahrung: Insektenlarven und die meisten Wirbellose und Würmer.

1. *Corydoras imitator*, Oberer Negro, Brasilien.
2. *Corydoras julii*, Amazonas, Brasilien.
3. *Corydoras leopardus*, Brasilien.
4. *Corydoras leucomelas.*

Ablaichverhalten: Die Männchen sind schlanker als die Weibchen.
Aquariumpflege: Friedlich. Der Leopard-Panzerwels hat sich in Gefangenschaft als äußerst anpassungsfähig erwiesen, da er in neutralem und in saurem Wasser gut gedeiht.

Mit seinen 75 mm ist der Leopard-Panzerwels größer als die beiden Arten, mit denen er meistens verwechselt wird: *Corydoras julii* und *Corydoras trilineatus*. Alle drei Arten haben einen deutlichen, schwarzen Fleck auf dem Rücken und im Grun-

de genommen dieselbe gepunktet/linierte Körperzeichnung.

Corydoras leucomelas

Verbreitung: Kolumbien und Peru.

Biotop: Braunwasserströme um

Falllaub.

Maximale Gesamtlänge: 50 mm.

Nahrung: Insektenlarven, Würmer und die meisten kleinen Krebstiere und andere Wirbellose.

Ablaichverhalten: Hat im Aquarium noch nicht abgelaicht. Die Männchen sind kleiner als die Weibchen.

Aquariumpflege: Friedlich. Von all den kleineren *Corydoras*-Arten ist diese wahrscheinlich die zäheste in Gefangenschaft.

Diese robuste, weitverbreitete Art kann an ihrer Augenmaske und dem dorsalen Schulterfleck erkannt werden. Er ist am nächsten mit *Corydoras ambiacus* verwandt, mit dem er das Grundfarbmuster gemeinsam hat, wird aber größer als dieser. Manchmal wird sie fälschlicherweise *Corydoras punctatus* genannt.

Corydoras melanistius melanistius

Handelsname: Schwarzbinden-Panzerwels.

Verbreitung: Guayana.

Biotop: Braunwasserflüsse.

Maximale Gesamtlänge: 65 mm.

Nahrung: Insektenlarven, Würmer und fast die meisten Krebstierchen und andere Wirbellose.

Ablaichverhalten: Eierstreuend. Diese "gepunktete" Art wird in großer Zahl in den Flüssen Guayanas gefunden, ist jedoch sehr selten in Aquarien nachgezogen worden. Die Fische laichen über eine 24stündige Periode ab, und die Eier werden auf Pflanzenblättern oder auf Aquariumglas abgelaicht. Die Männchen sind kleiner als die Weibchen.

Aquariumpflege: Friedlich. Diese Art fühlt sich in leicht saurem Aquariumwasser wohl.

Corydoras melanistius melanistius ist die wichtigste Art, die aus Guayana exportiert wird, und gleicht im Aussehen einer Anzahl gepunkteter Arten. Es ist wahrscheinlich eine der populärsten *Corydoras*-Arten, die auch ohne Fischfarmnachzucht aufgrund von Importen leicht erhältlich ist. Eine Unterart, *Corydoras melanistius brevirostris,* unterscheidet sich durch die Zeichnung — sie hat mehrere schwarze Streifen auf der Schwanzflosse. *Corydoras melanistius melanistius* hat schwarze Flecken auf Kopf und Körper, ein schwarzes Band über Augen und Rückenflosse, und eine helle Schwanzflosse.

Corydoras melanotaenia

Handelsname: Gelbflossen-Panzerwels.

Verbreitung: Kolumbien.

Biotop: Kleine Flüsse mit braunem Wasser und Regenwaldströme.

Maximale Gesamtlänge: 75 mm.

Nahrung: Insektenlarven, Würmer und die meisten kleinen Krebstiere und andere Wirbellose.

Ablaichverhalten: Diese Art ist nahe mit dem Metall-Panzerwels verwandt. Durch Zugabe von kaltem Wasser ins Aquarium kann diese Art zum Ablaichen gebracht werden. Sie verstreuen ihre Eier wie die meisten *Corydoras* Arten. Die Männchen sind kleiner und deutlich schlanker als die Weibchen.

Aquariumpflege: Friedlich. Der Gelbflossen-Panzerwels ist äußerst aktiv, wenn auch manchmal scheu in hell erleuchteten Aquarien. Seine mittelgroße Körperlänge und robuste Natur bedeuten, daß diese Art eine willkommene Zugabe zu Gesellschaftsbecken sein kann.

Der Gelbflossen-Panzerwels wird häufig mit dem Metall-Panzerwels, *Corydoras aeneus*, verwechselt, jedoch unterstreicht sein Handelsname den Hauptunterschied im Farbmuster. Er hat auch einen längeren Kopf und Körper als *C. aeneus*.

Corydoras melini

Handelsname: Kopfbinden-Panzerwels.

Verbreitung: Brasilien und Kolumbien.

Biotop: Nebenflüsse mit klarem Wasser.

Maximale Gesamtlänge: 50 mm.

Nahrung: Insektenlarven, Würmer und die meisten kleinen Krebstiere und andere Wirbellose.

1. *Corydoras melanistius*, Guyana.
2. *Corydoras melanotaenia*, Honda, Kolumbien.
3. *Corydoras melini*, Flußsystem des Meta, Kolumbien und Brasilien.
4. *Corydoras* mit einem sehr ähnlichen Muster, es sind *C. simulatus*, *C. metae* und *C. melini*.
5. *Corydoras metae,* Flußsystem des Meta, Kolumbien.

Ablaichverhalten: Die Eiproduktion übersteigt selten 20 - 30 Eier pro Laich, die zwischen Pflanzen und auf der Unterseite von Blättern abgelegt werden, wo sie leicht übersehen werden können. Die Weibchen sind robuster als die Männchen.

Aquariumpflege: Eignet sich ausgezeichnet für Gesellschaftsbecken. Wie bei den meisten hellgefärbten *Corydoras* Arten, bevorzugt der Kopfbinden-Panzerwels neutrales Wasser mit einem hohen Sauerstoffgehalt. Er fühlt sich in Aquarien mit feinem Sandsubstrat wohl. Diese Art kann mit *Corydoras metae* verwechselt werden, mit der sie das Rio Meta Becken teilt. Sein Band reicht bis in die Schwanzflosse, wogegen es sich bei *C. metae* an der Schwanzbasis abrundet.

Corydoras metae

Handelsname: Schwarzrücken-Panzerwels.

Verbreitung: Kolumbien

Biotop: Nebenflüsse mit klarem Wasser.

Maximale Gesamtlänge: 50 mm.

Nahrung: Insektenlarven, Würmer und die meisten kleinen Krebstiere und andere Wirbellose.

Ablaichverhalten: Die Eiproduktion übersteigt selten 20-30 Eier pro Laich, und diese werden zwischen Pflanzen und an Blattunterseiten deponiert, wo sie leicht übersehen werden. Die Weibchen sind robuster als die Männchen.

Aquariumpflege: Eine Art, die sich ausgezeichnet für ein Gesellschaftsaquarium eignet. Wie die anderen hellgefärbten Arten, fühlt sich der Schwarzrücken-Panzerwels in Aquarien mit sauberem Wasser wohl und zeigt Unwohlsein in extrem saurem Wasser. Sobald sich eine Schule in einem gut gepflegten Gesellschaftsbecken eingelebt hat, erweist sich

1. *Corydoras nattereri*, südliches Brasilien.
2. *Corydoras paleatus*, Argentinien.
3. *C. paleatus*, Wildform.
4. *Corydoras panda*, Peru.
5. *Corydoras pygmaeus*, Amazonas.

diese Art als aktiv und anpassungsfähig.

Corydoras metae ist seit langem der Hauptexportartikel im venezolanisch/kolumbianischen Fischexport.

Corydoras nattereri

Handelsname: Blauer Panzerwels.

Verbreitung: Brasilien.

Biotop: Küstenströme und kleine Bäche.

Maximale Gesamtlänge: 50 mm.

Nahrung: Insektenlarven, Würmer und die meisten kleinen Krebstiere und andere Wirbellose.

Ablaichverhalten: Eine der am leichtesten als Wildfänge zum Ablaichen zu bringende Art. Große Weibchen können bis zu 200 Eier produzieren, aus denen innerhalb von 24-36 Stunden bei 26° C die Jungen schlüpfen. Die Jungen sind widerstandsfähig und haben eine geringe Sterblichkeitsrate.

Aquariumpflege: Friedlich. Er erwies sich als sehr widerstandsfähig und anspruchslos, denn er fühlt sich sowohl in saurem, als auch in leicht alkalischem Wasser wohl.

Der blaue Panzerwels wurde in großen Stückzahlen aus Südbrasilien exportiert und bereits von vielen Züchtern nachgezogen.

Corydoras paleatus

Handelsname: Marmorierter Panzerwels.

Verbreitung: Argentinien und Brasilien.

Biotop: Flüsse und Ströme mit braunem Wasser.

Maximale Gesamtlänge: 100 mm.

Nahrung: Insektenlarven, Würmer und die meisten kleinen Krebstiere und andere Wirbellose.

Ablaichverhalten: Die nachgezogenen Formen laichen leicht ab, aber die großen Wildfänge sind nur sehr schwer dazu zu bewegen. Die Weibchen sind viel größer als die Männchen.

Aquariumpflege: Dieser friedliche argentinisch/brasilianische Wels wird sehr häufig für Gesellschaftsaquarien gewählt. Die gezüchteten Tiere sind äußerst widerstands- und anpassungsfähig und eignen sich für die meisten Gesellschaftsbecken. Der Marmorierte Panzerwels ist am aktivsten, wenn er in kleinen Gruppen von drei bis sechs Tieren gehalten wird.

Wahrscheinlich gehören die Wildfänge im Handel einer anderen Art an, da sie viel kleiner als die domestizierte Form sind. Der Marmorierte Panzerwels wird im Fernen Osten und in Florida in großer Zahl nachgezogen und ist einer der populärsten Welse im Aquariumhandel. Diese Art hat die besondere Auszeichnung, von Charles Darwin selbst, während des-

sen historischer Reise auf der Beagle, entdeckt worden zu sein.

Corydoras panda

Handelsname: Pandapanzerwels.

Verbreitung: Peru.

Biotop: Kleine Flüsse mit fließendem klarem Wasser und Regenwaldströme.

Maximale Gesamtlänge: 50 mm.

Nahrung: Insektenlarven, Würmer und fast die meisten Krebstierchen und andere Wirbellose.

Ablaichverhalten: Der Ablaichvorgang nimmt etwa 12 - 24 Stunden in Anspruch und etwa 20 - 30 Eier werden am Glas des Beckens befestigt. Die Weibchen sind etwas größer als die Männchen.

Aquariumpflege: Friedlich. Er fühlt sich am wohlsten in einer Gruppe in einem Gesellschaftsbecken bei guten Wasserverhältnissen mit klarem, neutralem Wasser.

Der Pandapanzerwels wird in Fischfarmen gezüchtet, jedoch werden gelegentlich auch Wildfänge aus Peru importiert. Die hübsche Augenmaske und der Schwanzfleck sind der Grund, warum nach diesem Wels am meisten gefragt wird.

1. *Corydoras rabauti*, Brasilien.
2. *Corydoras reticulatus.*
3. *Corydoras robineae*, Brasilien.
4. *Corydoras schwartzi*, Brasilien.

Corydoras pygmaeus

Handelsname: Zwergpanzerwels.

Verbreitung: Brasilien und Peru.

Biotop: Nebenflüsse.

Maximale Gesamtlänge: 25 mm.

Nahrung: Kleine Wirbellose und andere organische Nahrung.

Ablaichverhalten: In einem gut bepflanzten Gesellschaftsbecken laichen die Zwergpanzerwelse ohne Zutun des Aquarianers ab und lassen die Jungfische heranwachsen. Die Männchen sind kleiner und schlanker als die Weibchen.

Aquariumpflege: Da es eine kleine Art ist, wird sie am besten in einem kleinen Gesellschaftsbecken oder in einem Brutbecken gepflegt. Man sollte den Zwergpanzerwels nur zusammen mit kleineren, friedlichen Arten pflegen, da es scheint, daß sogar ansonsten friedliche Fische dazu neigen, sie aufzufressen. Diese Welse können sich an alle möglichen Wasserverhältnisse gewöhnen.

Diese Art ist leicht mit einer anderen Zwergart, die sich im offenen Wasser aufhält, *Corydoras hastatus*, zu verwechseln. Sie sind zwar gleichgroß, aber der Streifen auf dem Körper von *Corydoras pygmaeus* ist deutlich anders als das Schwanzfleckmuster von *Corydoras hastatus*. Der Zwergpanzerwels kommt in freier Natur in großen Schwärmen mit Tausenden Tieren vor, weshalb er sich im Aquarium nur in einer Gruppe wohlfühlt.

Corydoras rabauti

Handelsname: Rostpanzerwels.

Verbreitung: Brasilien und Peru.

Biotop: Kleine Flüsse mit braunem Wasser und Regenwaldströme.

Maximale Gesamtlänge: 50 mm.

Nahrung: Insektenlarven, Würmer und die meisten kleinen Krebstiere und andere Wirbellose.

Ablaichverhalten: Sie sind recht leicht zum Ablaichen zu bringen, wenn man sie durch Zugabe von kaltem Wasser ins Aquarium stimuliert. Die Weibchen sind etwas größer als die Männchen.

Aquariumpflege: Friedlich.

Corydoras rabauti, die in der Literatur gelegentlich als *C. myersi* auftaucht, produziert die attraktivsten Jungfische von allen *Corydoras*-Arten. Diese tragen ein rotbraunes Band um die Körpermitte, das sie jedoch mit dem Heranreifen verlieren. Ständig wird diese Art mit *Corydoras zygatus* aus Peru verwechselt, die zwar eine identische Farbzeichnung hat, aber deutlich größer wird. Auch sind die Jungfische beider Arten verschieden, da die Jungen von *C. zygatus* dasselbe Linienmuster wie die ausgewachsenen Tiere zeigen und ihnen der hübsche, rotbraune Fleck auf dem Körper fehlt, der die Jungfische des Rotpanzerwelses so attraktiv macht.

Corydoras reticulatus

Handelsname: Netz-Panzerwels.

Verbreitung: Peru.

Biotop: Nebenflüsse.

Maximale Gesamtlänge: 50 mm.

Nahrung: Insektenlarven, Würmer und die meisten kleinen Krebstiere und andere Wirbellose.

Ablaichverhalten: Ist im Aquarium nur schwer zum Ablaichen zu bewegen. Die Männchen sind kleiner als die Weibchen.

Aquariumpflege: *Corydoras reticulatus* fühlt sich in sauerstoffreichem, neutralem bis leicht alkalischem Wasser wohl. Eine friedliche Art, die in Schulen ihrer eigenen Art oder mit anderen kleinen Arten zusammen gut gedeiht.

Vom Netz-Panzerwels dachte man, daß er stark im Farbmuster variiert, bis eine der Formen als neue Art, *Corydoras sodalis*, beschrieben wurde. Jedoch ist, wie es bei vielen der hier aufgeführten Arten der Fall ist, das Farbmuster bei beiden Arten variabel. Der Netz-Panzerwels hat einen längeren Kopf, zeigt eine dunklere Netzzeichnung auf dem Körper und einen deutlichen Fleck auf der Rükkenflosse.

1. *Corydoras similis*, Brasilien.
2. Langnäsige *Corydoras* Varianten mögen es, im Sand nach Futter zu sieben.
3. *Corydoras* formen Schulen und fressen am besten, wenn sie in Gruppen gehalten werden.
4. *Corydoras simulatus*, Flußsystem des Meta, Kolumbien.
5. *Corydoras sodalis*, Peru.
6. *Corydoras sychri*, Peru.

Corydoras robineae

Handelsname: Flaggenschwanz-Panzerwels.

Verbreitung: Kleine Nebenflüsse des Rio Negro, Brasilien, mit klarem Wasser.

Biotop: Lebt in der Strömung.

Maximale Gesamtlänge: 75 mm.

Nahrung: Insektenlarven, Würmer und die meisten kleinen Krebstiere und andere Wirbellose.

Ablaichverhalten: Es gibt einige Hinweise dafür, daß diese Art nur wenige Eier produziert. Die Männchen sind schlanker als die Weibchen.

Aquariumpflege: Friedlich. Er wurde 1983 entdeckt, stellte sich aber als schwieriger Aquariumfisch heraus, bis bekannt wurde, daß er fließendes Wasser und einen neutralen pH bevorzugt.

Der Flaggenschwanz-*Corydoras* ist in den letzten Jahren in recht großen Stückzahlen importiert worden. Er zeigt eine deutliche Schwanzflossenzeichnung, die jedoch auch bei seinem größeren Verwandten unter den Schwielenwelsen, *Dianema urostriata*, vorkommt.

Corydoras schwartzi

Handelsname: Bänderpanzerwels.

Verbreitung: Brasilien.

Biotop: Braunwasserströme.

Maximale Gesamtlänge: 60 mm.

Nahrung: Insektenlarven, Würmer und fast die meisten Krebstierchen und andere Wirbellose.

Ablaichverhalten: Laicht im Aquarium kaum ab. Auch ist die Unterscheidung der Geschlechter schwierig, jedoch sind die Weibchen generell rundlicher als die Männchen.

Aquariumpflege: Friedlich. *Corydoras schwartzi* bevorzugt leicht saure pH-Werte und sollte in recht weichem Wasser gepflegt werden. Es ist ein widerstandsfähiger, robuster Fisch, weshalb man ihn in einem Gesellschaftsbecken mit größeren Fischen zusammen halten kann. Aquarianer halten diese Art für eine ideale Zugabe zu Discus-Becken.

Der Handelsname dieser Art stammt von dem brasilianischen Fischexporteur, Willi Schwartz, von dem bekannt ist, daß er in den sechziger Jahren viele neue brasilianische Fischarten in den Fischhandel einbrachte. Das Exportgeschäft wurde später von Frau Schwartz und ihrem Sohn, Adolf Schwartz, weitergeführt. Es wurden drei *Corydoras*-Welse nach dieser Familie benannt.

Corydoras similis

Verbreitung: Brasilien.

Biotop: Kleine Nebenarme großer Bäche und Flüsse.

Maximale Gesamtlänge: 50 mm.

Nahrung: Insektenlarven, Würmer und die meisten Krebstierchen und andere Wirbellose.

Ablaichverhalten: Typisch für die meisten *Corydoras*-Arten. Die Männchen sind schlanker und weniger robust als die Weibchen.

Aquariumpflege: Friedlich. Diese Art paßt sich leicht an alle möglichen Wasserbedingungen an, vorausgesetzt, daß man ihnen viel Pflege und Sorgfalt zukommen läßt, wenn sie ins Becken eingesetzt werden.

Es ist eine erst kürzlich entdeckte Welsart, die zuerst mit *Corydoras caudimaculatus* verwechselt wurde. Sie sind auffallend ähnlich im Farbmuster, obwohl "similis" oder ein ähnlicher Wels einen violetten Schimmer über dem Schwanzfleck trägt, den amerikanische Aquarianer für den Handelsnamen dieser Art (Violet Spot Catfish) benutzten.

Corydoras simulatus

Handelsname: Schlichter Schwarzrücken-Panzerwels.

Verbreitung: Kolumbien.

Biotop: Kleine Seitenarme großer Bäche und Flüsse.

Maximale Gesamtlänge: 75 mm.

Nahrung: Insektenlarven, Würmer und die meisten Krebstierchen und andere Wirbellose.

Ablaichverhalten: Typisch wie bei den meisten *Corydoras*-Arten. Die Männchen sind kleiner und weniger robust als die Weibchen.

1. *Corydoras treitlii*, Amazonas, Brasilien.
2. *Corydoras trilineatus*.
3. *Corydoras zygatus*, Peru.

Aquariumpflege: Friedlich. Im Aquarium erweist sich diese langschnäuzige Art als sehr anpassungsfähig an alle möglichen Wasserbedingungen heraus.

Diese scheue Art findet man hin und wieder in Importen von *Corydoras metae* und ist eine von vielen *Corydoras* Geschwisterarten (Arten, die im selben Fluß leben und dieselbe Zeichnung tragen), die von Wissenschaftlern entdeckt wurden.

Corydoras sodalis

Verbreitung: Brasilien und Peru.

Biotop: Kleine Nebenarme großer Bäche und Flüsse.

Maximale Gesamtlänge: 50 mm.

Nahrung: Insektenlarven, Würmer und die meisten Krebstierchen und andere Wirbellose.

Ablaichverhalten: Typisch wie bei den meisten *Corydoras*-Arten. Die Männchen sind schlanker und weniger robust als die Weibchen.

Aquariumpflege: Friedlich.

Corydoras sodalis wird oft mit *Corydoras reticulatus* verwechselt, einer Art mit einer fast identischen Körperzeichnung. *C. sodalis* hat ein kürzeres, rundlicheres Profil, ein helleres Netzmuster und nur helles Pigment auf der Rückenflosse. Es ist kein Problem, diese beiden Arten zusammen im Aquarium zu halten, da sie sich in neutralem bis leicht alkalischem Wasser wohlfühlen und relativ robust und anspruchslos sind.

Corydoras sychri

Verbreitung: Peru.

Biotop: Braunwasserströme.

Maximale Gesamtlänge: 60 mm.

Nahrung: Insektenlarven, Würmer und die meisten kleinen Krebstiere und andere Wirbellose.

Ablaichverhalten: Es gibt keine Berichte über Ablaichvorgänge in Aquarien. Die Männchen sind kleiner als die Weibchen.

Aquariumpflege: Friedlich. Dieser Wels ist wahrscheinlich, wie die meisten anderen Arten, als Import empfindlich und sollte helles, klares, neutrales Wasser bekommen. Hat er sich aber einmal eingelebt, gewöhnt er sich schnell an die meisten Wasserbedingungen in gesunden Aquarien.

Die schwarze Augenmaske und die feinen Punkte auf dem Körper helfen diesen Wels von vielen ähnlichen Arten zu unterscheiden. Er wird nur selten importiert, obwohl er hin und wieder zusammen mit anderen Fischen in Sendungen aus Peru und Ecuador ankommt.

Corydoras treitlii

Verbreitung: Brasilien.

Biotop: Nebenflüsse mit braunem Wasser.

Maximale Gesamtlänge: 75 mm.

Nahrung: Insektenlarven, Würmer und die meisten Krebstierchen und andere Wirbellose.

Ablaichverhalten: Dieser Wels produziert nur wenige Eier, die zwischen Pflanzen abgelegt werden. Die Geschlechtsbestimmung ist schwierig, jedoch sind die Männchen etwas kleiner als die Weibchen.

Aquariumpflege: Friedlich. Diese langnasige Art findet man oft als seltsame Zugabe zu anderen Fischen in Importen aus Brasilien. Wie alle langschnäuzige *Corydoras*-Arten, tendiert auch dieser Wels dazu, sich mehr zurückzuziehen als es die Arten mit einem kürzeren Kopf tun. Er versteckt sich schon beim geringsten Geräusch zwischen den Pflanzen, paßt sich aber leicht an alle möglichen Wasserbedingungen an.

Corydoras trilineatus

Handelsname: Dreigestreifter Panzerwels.

Verbreitung: Brasilien, Kolumbien und Peru.

Biotop: Weitverbreitet in kleinen Flußarmen.

Maximale Gesamtlänge: 50 mm.

Nahrung: Insektenlarven, Würmer und die meisten Krebstierchen und andere Wirbellose.

Ablaichverhalten: Obwohl häufig importiert, erwies sich diese Art als schwierig für die Nachzucht in Gefangenschaft. Haben sie jedoch erfolgreich gebrütet, werden viele Eier abgelaicht, und die Jungfische sind nach einer Periode von sechs Wochen relativ robust. Die Geschlechtsbestimmung ist bei dieser Art schwierig, jedoch sind die ausgewachsenen Weibchen in der Regel kräftiger als die Männchen.

Aquariumpflege: Friedlich. Obwohl *Corydoras trilineatus* in freier Natur sehr häufig vorkommt und im Aquarium äußerst widerstandsfähig ist, läßt er sich in Gefangenschaft nur schwer zum Ablaichen bringen. Die Arten aus Peru bevorzugen helles, neutrales Wasser, worin sicher das Geheimnis für einen Bruterfolg liegt.

Der Dreigestreifte Panzerwels taucht in den meisten südamerikanischen Fischimporten auf, und dieses stän-

dige Vorhandensein und sein attraktives Farbmuster trugen dazu bei, ihn bei den Aquarianern beliebt zu machen. Diese Art wird oft als *Corydoras julii* gehandelt. *Corydoras trilineatus* ist eine äußerst robuste Art, die eine kennzeichnende, mittseitliche Linie zeigt, die so eingerahmt ist, daß der Eindruck entsteht, es handle sich um drei Linien. (*Corydoras julii* ist jedoch im Vergleich klein und delikat, und hat eine gleichmäßige Körperzeichnung aus winzigen, schwarzen Punkten.)

Corydoras zygatus

Handelsname: Zügelpanzerwels.

1

Verbreitung: Peru.

Biotop: Mittelgroße Nebenflüsse.

Maximale Gesamtlänge: 75 mm.

Nahrung: Insektenlarven, Würmer und die meisten Krebstierchen und andere Wirbellose.

Ablaichverhalten: Kann bei einem Laichgang 600 Eier produzieren, wenn eine Absenkung der Wassertemperatur als Auslöser verwendet wird. Die Weibchen sind größer als die Männchen.

Aquariumpflege: Diese Art paßt sich sehr gut an alle möglichen Wasserbedingungen und -temperaturen an, weshalb sie sich gut für große Gesellschaftsbecken eignet.

Diese bräunliche, schwarzgestreifte Art ist leicht mit *Corydoras rabauti* zu verwechseln. Ihre größere Körperlänge und der relativ längere Kopf helfen bei der Identifizierung der adulten Tiere.

Dianema longibarbis

Handelsname: Schrot-Schwielenwels, Langbärtiger Panzerwels.

Verbreitung: Brasilien und Peru.

Biotop: Bäche, Tümpel und Flüsse.

Maximale Gesamtlänge: 100 mm.

Nahrung: Kleine Wirbellose, Würmer und Garnelen.

Ablaichverhalten: Von *Dianema* nimmt man an, daß es sich um Blasennestbrüter handelt, wie die größeren Callichthyden, aber manche Aquarianer glauben auch, daß sie Eier an senkrechten Flächen anbringen, wie es die *Corydoras* tun. Die Männchen tragen am Rande verdickte Bruststacheln (was bei ausgewachsenen Tieren leichter zu sehen ist) und sind kleiner und schlanker als die Weibchen.

Aquariumpflege: Friedlich. Der Langbärtige Panzerwels gleicht einer länglichen *Corydoras*-Art und ist so friedlich wie seine kleineren Vettern. Es sind ideale Welse zur Vergesellschaftung mit kleinen bis mittelgroßen, südamerikanischen Buntbarschen und Salmlern. Diese Art akzeptiert alle möglichen Wasserbedingungen; sie fühlt sich in leicht saurem, gut mit Sauerstoff versorgtem Wasser wohl.

1. *Dianema longibarbis.*
2. *Dianema urostriata*, Brasilien.
3. *Hoplosternum thoracatum.*
4. *Agamyxis pectinifrons*, Amazonas.

Dianema urostriata

Handelsname: Schwanzstreifen-Panzerwels.
Verbreitung: Brasilien.
Biotop: Flüsse, Bäche und Tümpel.
Maximale Gesamtlänge: 125 - 150 mm.
Nahrung: Kleine Wirbellose.
Ablaichverhalten: Eierstreuer/Blasennester. Die Männchen sind schlanker als die Weibchen und tragen während der Brutzeit verdickte Stacheln in den Brustflossen.
Aquariumpflege: Friedlich; ein idealer, größerer Wels für Gesellschaftsbecken. Die beliebten Schwanzstreifen-Panzerwelse leben in ihrem natürlichen Lebensraum in großen Schwärmen und fühlen sich wohl, wenn eine Gruppe in mittel- bis sehr großen (mindestens 120 cm langen) Gesellschaftsbecken gepflegt wird. Welsliebhaber schlagen vor, für diese hübsche, friedliche Art leicht saures Wasser zu verwenden. Beginnen sie jedoch ständig zur Wasseroberfläche zu schwimmen, ist der Sauerstoffgehalt des Wassers zu gering. Dann sollte man sofort einen ordentlichen Wasserwechsel vornehmen.

Hoplosternum thoracatum

Handelsname: Gemalter Panzerwels.
Verbreitung: Nördliches Südamerika (Guayana - Surinam) bis Brasilien.
Biotop: Große Flüsse und Moore.
Maximale Gesamtlänge: 200 mm.
Nahrung: Krebstiere und kleine Wirbellose.
Ablaichverhalten: Das Männchen konstruiert ein Blasennest, in das die befruchteten Eier plaziert werden. Die Männchen tragen während der Brutzeit verdickte Stacheln in der Brustflosse und sind etwas kleiner und dunkler gefärbt als die Weibchen.
Aquariumpflege: Friedlich.
Dieser gefleckte Wels ist besonders als Jungfisch sehr attraktiv, da sich das Fleckenmuster bei adulten Tieren in eine graue Körperfarbe verwandelt. Es ist eine der drei den Aquarianern bekannten *Hoplosternum*-Arten und bei Welszüchtern besonders beliebt.

Familie: DORADIDAE, Dornwelse
Die Dornwelse sind nahe mit den schuppenlosen Falschen Dornwelsen verwandt, außer daß sie, im Gegensatz zu den Letztgenannten, eine einzige Reihe Knochenplatten auf der

Körperflanke tragen. Die kleineren Formen in dieser Familie umfassen die bekannten *Platydoras* und *Amblydoras*, die sich gegenüber anderen Fischen nicht räuberisch verhalten, und sich deshalb ideal für Gesellschaftsbecken eignen. Die größeren Formen sehen von der Form her recht primitiv aus und sind oft mit giftigen Schuppendronen (Körperstacheln) bewehrt, obwohl es harmlose, opportunistische Fresser sind, die sich von Früchten, Schnecken und Samen ernähren. Von den kleineren Dornwelse, wie etwa *Agamyxis* und *Amblydoras*, weiß man, daß sie im Aquarium ablaichen.

Agamyxis pectinifrons

Verbreitung: Weitverbreitet in Südamerika.

Biotop: Regenwaldflüsse mit braunem Wasser.

Maximale Gesamtlänge: 125 mm.

1. *Amblydoras hancocki*, Amazonas.
2. *Opsodoras stubeli*, Peru.
3. *Platydoras costatus*, Amazonas.
4. *Megladoras irwini*, Amazonas, Brasilien.

Nahrung: Krebstiere und Wirbellose.

Ablaichverhalten: Er laicht im Aquarium zwischen Schwimmpflanzen ab. Die Weibchen sind hochrückiger als die Männchen.

Aquariumpflege: Pflegt man ihn zusammen mit Fischen gleicher Größe, hat man nichts zu befürchten. Dieser brasilianische Wels ist schwarz mit gelben oder weißen Flecken auf dem Körper. Wie alle Dornwelse, ist auch diese Art tagsüber völlig inaktiv, aber man kann sie hervorlocken, wenn man Mückenlarven und frisch gemahlenen Garnelen ins Wasser gibt. Damit diese Welse ausreichend Versteckmöglichkeiten haben, sollte man Höhlen und Felsspalten im Becken schaffen oder Kienholzstücke hineingeben.

Amblydoras hancocki

Handelsname: Kopfstrich-Dornwels.

Verbreitung: Guayana bis Brasilien.

Biotop: In kleinen Flüssen häufig zu finden.

Maximale Gesamtlänge: 100 mm.

Nahrung: Krebstiere und andere Wirbellose.

Ablaichverhalten: Diese Welse werden für Substratnestbrüter gehalten, obwohl aus Beobachtungen in freier Natur durch Hancock, der diese 1829 veröffentlichte, hervorgeht, daß sie in der Regenzeit ablaichen, nachdem sie Blätternester gebaut haben, und daß sie Brutpflege betreiben. Nach neueren Berichten scheint diese Art auch zwischen Schwimmpflanzen abzulaichen. Die Weibchen sind hochrückiger als die Männchen.

Aquariumpflege: Zusammen mit

Fischen gleicher Größe gepflegt, gibt es bei diesen Welsen keine Probleme. Ich konnte im Flußsystem des Essequibo Unmengen dieser Art sehen. Der Kopfstrich-Dornwels ist in Gefangenschaft anspruchslos und scheint sich leicht an alle möglichen Wasserbedingungen anzupassen. Ideale Bedingungen für ihn kann man jedoch durch dichte Bepflanzung

des Beckens und helles, neutrales, weichte Wasser schaffen.

Opsodoras stubeli

Verbreitung: Ecuador und Peru.

Biotop: Große Flüsse und Ströme.

Maximale Gesamtlänge: 150 mm.

Nahrung: Insektenlarven und verschiedene andere Wirbellose und Algen.

Ablaichverhalten: Unbekannt. Die Weibchen sind etwas größer als die Männchen.

Aquariumpflege: Friedlich. Dieser ungewöhnliche Wels ist zwar nicht bunt gefärbt, trägt aber deutlich gefiederte Barteln. Er ist gewöhnlich im Aquarium aktiver als die anderen bekannteren Dornwels-Arten. In schwach beleuchteten Aquarien wagen sie sich leicht hervor, um nach Futter zu suchen. Hat sich *Opsodoras* erst einmal im Becken eingelebt, ist er leicht zu pflegen, jedoch benötigt er regelmäßigen Wasserwechsel, da er sich bei schlechter Wasserqualität nicht wohlfühlt.

Platydoras costatus

Handelsname: Liniendornwels.

Verbreitung: Brasilien bis Peru.

Biotop: Flüsse.

Maximale Gesamtlänge: 200 mm.

Nahrung: Schnecken, Insektenlarven, usw.

Ablaichverhalten: Unbekannt. Die Weibchen sind größer als die Männchen.

Aquariumpflege: Der Liniendornwels kann gegenüber Artgenossen extrem territorial werden und wird dann Höhlen, Winkel und Spalten vor anderen Nachtwelsen verteidigen. Er ist aber nicht überaggressiv und wird kaum mehr unternehmen, als seine Brust- und Rückenflossen auszuspreiten, was nur gefährlich wird, wenn sie gegen schuppenlose Fische, die ein Revier verteidigen, gerichtet werden. Dieser schwarze Dornwels zeigt einen weißen Streifen über seiner

Seitenlinie, und es ist gerade dieses Muster, das ihn bei den Aquarianern so beliebt macht, die gerne etwas Ungewöhnliches in ihre Beckengemeinschaft einbringen möchten. Wie die meisten Welse ist auch *Platydoras costatus* extrem nachtaktiv und wird nachts in Gefangenschaft nach kleinen Fischen jagen.

1. *Pseudodoras niger.*
2. *Trachydoras paraguayensis,* Paraguay.
3 and 4. *Acanthicus hystrix*, Amazonas, Brasilien.
5. *Acanthicus adonis*, Amazonas, Brasilien.

Megaladoras irwini

Verbreitung: Brasilien.
Biotop: Große Flüsse.
Maximale Gesamtlänge: 600 mm.
Nahrung: Schnecken, Insektenlarven, usw.
Ablaichverhalten: Unbekannt. Die Weibchen sind größer als die Männchen.
Aquariumpflege: Jungtiere werden manchmal in Gesellschaftsaquarien eingesetzt, ohne daß dabei berücksichtigt wird, daß diese Art leicht zu groß für das Becken werden kann. Dieser Riesen-Dornwels wächst zwar langsam und eignet sich wegen seiner Friedfertigkeit gegenüber anderen Fischen, außer den kleinsten, ideal für große Gesellschaftsaquarien.

Pseudodoras niger

Handelsname: Schwarzer Dornwels.
Verbreitung: Ganz Südamerika.
Biotop: Große Flüsse.
Maximale Gesamtlänge: 600 mm.
Nahrung: Krebstiere (Garnelen, Krabbenstäbchen), andere Wirbellose, Samen, Früchte.
Ablaichverhalten: Unbekannt. Auch sind keine Geschlechtsunterschiede bekannt.
Aquariumpflege: Friedlich. Ein 75 mm großes, pechschwarzes Niger-Junge wächst schnell zu einem 600 mm großen grauen Monster heran, sofern ihm ausreichend Raum bleibt. Trotz seiner möglichen riesigen Ausmaße, handelt es sich hierbei um einen "netten Riesen" und muß wahrscheinlich als einer der wenigen Riesenwelse angesehen werden, der sich kleinen Fischen gegenüber friedfertig verhält. In freier Natur frißt er Schnecken, was ihm bei den südamerikanischen Indianern seinen Namen einbrachte (Mother-of-Snails Catfish).

Trachydoras paraguayensis

Verbreitung: Paraguay.
Biotop: Große Flüsse.
Maximale Gesamtlänge: 125 mm.
Nahrung: Krebstiere und andere Wirbellose.

Ablaichverhalten: Unbekannt. Auch Geschlechtsunterschiede sind nicht bekannt.

Aquariumpflege: Friedlich. *Trachydoras* ist eine ideale, mittelgroße Welsart für Gesellschaftsbecken.

Leider kommen Importe nur selten vor, weshalb diese Art nur erworben werden kann, wenn man sie einmal findet. Diese Art gleicht sehr *Corydoras* und nur bei näherem Hinsehen verraten ihre großen Augen, die verzweigten Barteln und der robuste Körperbau ihre wahre Identität.

Familie: LORICARIIDAE, Harnischwelse

Diese Familie enthält mehr Arten als irgendeine andere Welsfamilie und mit mehr Unterschieden in Größe, Form und Farbe. *Hypostomus* und *Glyptoperichthys*, zum Beispiel, werden zwischen 300 und 600 mm groß, während die winzigen *Otocinclus* schon mit nur 50 mm ausgewachsen ist. Diese Welse sind weitverbreitet, einschließlich Mittel- und Südamerika, und sind durch ein unterständiges Saugmaul charakterisiert. Manche Arten sind stark geschuppt oder gepanzert. Die Männchen vieler Arten betreiben Brutpflege bei den Eiern oder den Jungtieren, und normalerweise brüten sie auch im Aquarium erfolgreich. Große Arten laichen in Einbuchtungen der Flußbänke ab; jedoch ist ein solcher Biotop im Aquarium nur schwer nachzubauen.

Acanthicus hystrix

Handelsname: Elfenwels.

Verbreitung: Brasilien, Flußsystem des Xingu.

Biotop: Große Flüsse mit fließendem Wasser.

Maximale Gesamtlänge: 400 mm.

Nahrung: Algen, Pflanzen, Früchte, Fische, Garnelen und andere Wirbellose.

Ablaichverhalten: Unbekannt.

Aquariumpflege: Dieser Wels eignet sich für die meisten Aquarien kaum, weil er zu groß ist und richtig fließendes Wasser benötigt. Deshalb sollte man diese Art nur in sehr große Becken und zusammen mit anderen widerstandsfähigen Fischen pflegen.

Dieser große Harnischwels war anfangs, nach dem ersten Import aus Belem, Brasilien, bei den Aquarianern sehr beliebt. Der weißgeprenkelte Adonis aus der Belem Region, war wegen seiner attraktiven Zeichnung aber noch beliebter.

Acanthicus adonis

Handelsname: Schöner Elfenwels.
Verbreitung: Brasilien.
Biotop: Flußsystem des Xingu.
Maximale Gesamtlänge: 500 mm.
Nahrung: Algen, Pflanzen, Früchte, Fische, Garnelen und sonstige Wirbellose.
Ablaichverhalten: Unbekannt.
Aquariumpflege: Dieser weißgesprenkelte, stachelige Wels aus der Belem Region ist wegen seiner Zeichnung sehr beliebt. Jedoch ist er für die meisten Aquarien kaum geeignet, weil er sehr groß wird und sich nur mit anderen, widerstandsfähigen Fischen verträgt.

Ancistrus dolichopterus

Handelsname: Blauer Antennenwels.
Verbreitung: Überall in Südamerika.
Biotop: Flüsse.
Maximale Gesamtlänge: 125 mm.
Nahrung: Algen, Pflanzen, Früchte und kleine Wirbellose.
Ablaichverhalten: Wurde häufig in Gesellschaftsaquarien nachgezogen. Es kommt nicht selten vor, daß ein Aquarianer plötzlich einen versteckten Laich entdeckt, wenn die Jungen nach etwa einer Woche unter dem Kienholz hervorkommen. Die Männchen kümmern sich rührend um die Eier und Jungfische, jedoch ist es besser, die Jungfische aus einem Gesellschaftsbecken herauszunehmen und in ein niedriges Becken zu setzen und mit viel Grünfutter zu versorgen. Die Männchen bilden während der Brutsaison die charakteristischen Kopfborsten aus.
Aquariumpflege: Gegenüber Artgenossen sind sie territorial, ansonsten jedoch friedlich. Blaue Antennenwelse sind ausgezeichnete Reiniger von Gesellschaftsbecken, und da sie recht robust und äußerst anpassungsfähig sind, eignen sie sich gut für die meisten Wasserbedingungen. In freier Natur können sie in flachen Tümpeln, die in der Trockenzeit fast austrocknen, überleben. Sie fressen Algen und Wirbellose, die in der Natur in ausreichender

Menge vorkommen, und diese Angewohnheit kann man sich im Aquarium zunutzemachen, wo sie die Glasscheiben von Algen reinigen. Jedoch sollte man zusätzlich noch Grünfutter, wie z. B. gemahlenen Spinat, Salat oder grüne Bohnen, und gemahlene Garnelen füttern.

Ancistrus dolichopterus ist eine von über 50 bekannten *Ancistrus*-Arten, jedoch ist die Identifizierung eines Tieres ohne Berücksichtigung einer Reihe wissenschaftlicher Daten fast unmöglich.

Chaetostoma thomsonii

Verbreitung: Von den Anden quer durch Kolumbien und Peru.

Biotop: Schnellfließende Ströme.

Maximale Gesamtlänge: 100 mm.

Nahrung: Algen und Krebstiere.

Ablaichverhalten: Die Männchen sind kleiner und stärker gezeichnet als die Weibchen; die Eier werden in Höhlen abgelaicht.

Aquariumpflege: Diese Fische benötigen viel Raum im Aquarium; sie können sich gegenüber Artgenossen territorial erweisen. Im Aquarium benötigen sie häufige Frischwasserwechsel, wenn sie sich wohlfühlen sollen.

Dieser Wels hat einen flachen Bauch und ein breites Saugmaul, was für die Familie typisch ist und mit Sicherheit eine Anpassung dieser Fische, die es ihnen ermöglicht, sich in den schäumenden Wasserfällen und den schnellfließenden Andenströmen an Felsen festzuheften. Diese Art wird in großer Stückzahl aus Kolumbien eingeführt, jedoch überleben nur wenige Tiere lange im stehenden Wasser der Aquarien.

1. *Ancistrus* aus Peru haben sich an schnellströmendes Wasser angepaßt.
2 und 3. *Ancistrus sp.*, Amazonas.
4. *Chaetostoma thomsonii*, Hochland Kolumbiens.
5. *Chaetostoma* Welse leben in schnellfließenden Flüssen im Nordwesten Südamerikas.
6. *Farlowella acus*, Flußsystem des Meta, Kolumbien und Brasilien.

4

5

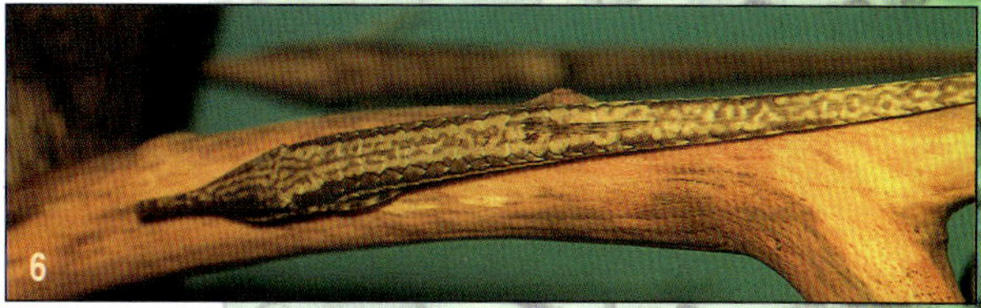
6

Farlowella gracilis

Handelsname: Kleiner Nadelwels.

Verbreitung: Kolumbien.

Biotop: Flüsse.

Maximale Gesamtlänge: 200 mm.

Nahrung: Algen, Pflanzen und anderes organisches Material.

Ablaichverhalten: Berichte über erfolgreiches Brüten im Aquarium lassen darauf schließen, daß Brutpaare, wenn sie sich einmal im Becken eingelebt haben, leicht ablaichen. Die Weibchen befestigen ihre Eier an langstengeligen Pflanzen oder am Beckenglas, und die Männchen bewachen sie, bis die Jungen geschlüpft sind. Die Männchen sind schlanker als die Weibchen.

Aquariumpflege: Friedlich. Diese Fische bevorzugen Aquarien von 45-60 cm Höhe und fühlen sich in klarem, saurem bis neutralem Wasser wohl. Sie machen auf eine schlechte Wasserqualität, vor allem einen geringen Sauerstoffgehalt, aufmerksam, indem sie ihre Schnauze über die Wasseroberfläche strecken, sind aber im allgemeinen leicht zu pflegen, wenn sie sich einmal eingelebt haben.

Es sind fast 60 *Farlowella*-Arten bekannt, von denen die meisten ohne nähere Untersuchung kaum zu unterscheiden sind, und es gibt auch mehrere verwandte Gattungen, *z. B. Sturisoma,* und einige *Rineloricaria*-Arten, die auffallend ähnlich sind. Alle sind schlank und ausgezeichnet getarnt, was ihr Handelsname andeutet.

Glyptoperichthys gibbiceps

Handelsname: Waben-Schilderwels, Garachamawels.

Verbreitung: Peru und Brasilien.

Biotop: Im Amazonas weitverbreitet.

Maximale Gesamtlänge: 450 mm.

Nahrung: Sie sind gierig nach Salat, Erbsen, Spinat, ganzen Garnelen und Trockenfutter.

Ablaichverhalten: Eignet sich nicht wirklich für Aquarien. Für den Handel wird diese Art in Asien in künstlichen Teichen nachgezogen. Die Männchen sind bunter und schlanker als die Weibchen.

Aquariumpflege: Reife Tiere sind sehr territorial und können Artgenossen Flossenverletzungen beibringen, wenn das Becken zu klein für sie ist. Ausgewachsene Tiere eignen sich nur für große Aquarien, obwohl die Jungen sich in mittelgroßen Becken wohlfühlen, vorausgesetzt, sie werden in

1. *Pterygoplichthys gibbiceps*, Amazonas, Brasilien.
2. *Pt. multiradiatus.*
3. *Hypancistrus zebra*, Amazonas, Brasilien.
4. *Hypoptopoma inspectatum*, Paraguay.
5. *Isorineloricaria festae*, Ecuador.

3

4

größere Becken überführt, sobald sie zu groß werden.

Jetzt, wo dieser Wels im Fernen Osten nachgezogen wird, zählt diese backsteinrote Schönheit zu den zehn beliebtesten Welsen. Sie eignet sich besonders als Bodenbewohner zur Vergesellschaftung mit großen südamerikanischen Buntbarschen (*Aequidens*, *Geophagus* und *Cichlasoma*) und die größeren Salmler (*Metynnis* Scheibensalmler und *Anostomus*-ähnliche Engmaulsalmler).

Hypancistrus zebra

Handelsname: Zwergzebrawels.

Verbreitung: Brasilien.

Biotop: Schnellfließende Flüsse im Xingu System.

Maximale Gesamtlänge: 75 mm.

Nahrung: Algen, Pflanzen, Wirbellose und sonstiges organisches Material.

Ablaichverhalten: Die Männchen sind schlanker als die Weibchen. Die Eier werden an Pflanzen oder am Glas des Aquariums befestigt und vom Männchen bewacht.

Aquariumpflege: Die Männchen sind extrem territorial, jedoch können mehrere Tiere zusammen in einem großen Becken, in dem ausreichend Versteckmöglichkeiten vorhanden sind und das dicht bewachsen ist, gepflegt werden. Es ist wichtig, diesen Welsen eine ausgewogene Ernährung zu bieten, damit sie nicht dahinsiechen.

Hypoptopoma inspectatum

Verbreitung: Paraguay.

Biotop: Flüsse.

Maximale Gesamtlänge: 75 mm.

Nahrung: Algen, Pflanzen und anderes organisches Material.

Ablaichverhalten: Die Männchen sind schlanker als die Weibchen; die Eier werden an Pflanzen oder dem Glas des Beckens angeheftet und vom Männchen bewacht.

Aquariumpflege: Die Männchen verhalten sich territorial, jedoch können in einem großen, dicht bepflanzten Aquarium mehrere Tiere zusammen gehalten werden. Damit sie sich ins Aquarium eingewöhnen, sollte man sie täglich mit Flockenfutter, eingeweichtem Spinat und feingemahlenen Garnelen füttern — eine Kost, die die meisten Harnischwelse benötigen. Diese Welse bevorzugen weiches, neutrales bis alkalisches Wasser.

5

Der tropische Fischhandel aus Paraguay wurde durch diese 75 mm großen *Otocinclus*-ähnlichen Saugmäuler intensiviert. Importierte Tiere zeigten sich geschwächt, und es wird über große Verluste berichtet.

Isorineloricaria spinosissimus

Handelsname: Stachelharnischwels.

Verbreitung: Ecuador.

Biotop: Schnellfließende Flüsse.

Maximale Gesamtlänge: 500 mm.

Nahrung: Algen, Pflanzen, Früchte und kleine Wirbellose.

Ablaichverhalten: Unbekannt.

Aquariumpflege: Junge Tiere leben ungestört zusammen und sind ideal für jedes Gesellschaftsaquarium. Geschlechtsreife, große (etwa 300 mm lang) Tiere können jedoch sehr territorial gegenüber Artgenossen oder anderen Harnischwelsen werden. Die ausgewachsenen Tiere sind weiß/grau, und die Männchen haben einen stoppeligen oder stacheligen Körper. Es handelt sich hierbei um eine andere große Art, die nur in großräumigen Systemen gepflegt werden sollte.

Diese ecuadorianische Art zeigt die gesamte Palette an Farbmustern, die in dieser Familie vorkommen kann. Sie scheinen sich an alle möglichen Wasserverhältnisse anzupassen. Die individuellen Arten sind ohne eine vollständige wissenschaftliche Untersuchung des konservierten Exemplares unmöglich zu identifizieren. Jungtiere sind in der Literatur oft als "Hypostomus Ecuador" aufgeführt.

Hypostomus plecostomus

Handelsname: Saugmaulwels, Plecostomus.

Verbreitung: Über ganz Südamerika.

Biotop: Weitverbreitet in Tümpeln, Bächen, schnell- und langsamfließenden Flüssen. *Hypostomus* fühlt sich in vielen Biotopen wohl und wurden beobachtet, wie er zwischen Uferpflanzen und überfluteten Gräsern umherschwamm, wie er Schlamm nach Futter durchsiebte oder seine Zähne zum Abraspeln von Algen und reicher Vegetation im Flußbett benutzte.

Maximale Gesamtlänge: 300 mm.

Nahrung: Pflanzenabfall, Erbsen, grüne Bohnen, Früchte, Algen und Wirbellose.

Ablaichverhalten: Sie sind nur in Außenteichen zum Brüten zu bewegen, da diese Fische zum Ablaichen Tunnels bauen und besetzen. Die Männchen sind kleiner als die Weibchen.

Aquariumpflege: Verhalten sich gegenüber Artgenossen territorial, sind aber ansonsten friedlich. Dieser

1. *Hypostomus sp.*, Amazonas.
2. *Hypostomus* frißt Salat.
3. *Leporacanthicus galaxias*, Amazonas.
4 und 5. *Liposarcus anisitsi.*

schwierige Fisch ist beliebt, weil er unter allen möglichen Wasserbedingungen überleben kann. Alle *Hypostomus*-Arten speichern Luft in ihrem Darm, was es ihnen ermöglicht, in stehendem Wasser zu überleben, was in der freien Natur vorteilhaft sein kann, aber auch ideal für den Aquariumhandel beim Export ist. Sie eignen sich wegen der Größe der adulten Tiere am besten für größere Gesellschaftsbecken.

Der "Pleco" ist für diese Gruppe von über 120 Welsarten typisch. Knochenplatten ersetzen die normalen Schuppen auf dem Körper, außer in der Bauchregion, und dienen als effektiver Verteidigungsschild. Das charakteristische, scheibenförmige Maul mit den flachen Lippen ermöglicht es diesem Wels, sich an Felsen in schnellfließenden Gewässern festzusaugen.

Leporacanthicus galaxias

Verbreitung: Brasilien.

Biotop: Fließende Ströme und kleine Flüsse.

Maximale Gesamtlänge: 125 mm.

Nahrung: Algen, Krebstiere und andere kleine Wirbellose.

Ablaichverhalten: Unbekannt.

Aquariumpflege: Verhalten sich gegenüber Artgenossen territorial, sind aber ansonsten friedlich. Dieser Wels benötigt eine vielfältige Ernährung und gesundes Wasser mit einem hohen Sauerstoffgehalt.

Diese und viele andere Arten aus dem Flußsystem des Xingu wurden in den Jahren nach den ersten Exporten aus Belèm in Brasilien bekannt. Diese Gewässer scheinen extrem reichhaltig an Harnischwelsen zu sein, von denen viele nicht nur für die Aquarianer, sondern auch für die Wissenschaftler neu zu sein scheinen.

Liposarcus anisitsi

Handelsname: Schwarzweißer Segelschilderwels, Schneewels.

Verbreitung: Paraguay.

Biotop: Große Flüsse.

Maximale Gesamtlänge: 600 mm.

Nahrung: Kleine Tiere fressen Algen und Abfall. Große Exemplare verspeisen dagegen Pflanzen, Früchte, Samen, Schnecken, tote Fische und allgemeines organisches Material, einschließlich Schlamm, aus dem sie Wirbellose herausfiltern.

Ablaichverhalten: Dieser Wels ist zu groß für ein Standardaquarium, laicht aber in Florida in Kunstteichen ab, wo er graben kann

1. *Liposarcus* species frißt an der Oberfläche schwimmende Pellets.
2 und 3. *Loricariichthys platymetopon,* Paraguay und Brasilien.
4. Loricariid Männchen bei der Bewachung der Eier an einem Birkenholzzweig.
5. *Loricariichthys* — den löffelförmigen Kopf kann man hier im Detail sehen.
6. *Otocinclus flexilis* beim Salatfressen.

und die Eier und Jungfische bewacht. Die Männchen sind leuchtender gefärbt und schlanker als die Weibchen.

Aquariumpflege: Ist unter gleichgroßen Fischen ungefährlich.

Dieser Wels ist einer der widerstandsfähigsten aus Südamerika, der noch unter den extremsten Bedingungen überleben kann. Er hat sich als anpassungsfähig genug erwiesen, sich in Kunstteichen in Florida zu etablieren, wo er Teil eines großen Industriezweiges ist, der jeden Monat Tausende "Plecos" für den Markt produziert. Es ist bekannt, daß Tiere in der Trokkenzeit wochen- oder sogar monatelang über Wasser in Gräben überlebten, solange diese noch feucht waren. Wildfänge zeigen ein aufregendes Muster aus deutlichen schwarzen Linien auf einem weißen Hintergrund.

Loricariichthys platymetopon

Verbreitung: Brasilien und Paraguay.

Biotop: Sandbänke und große Bäche und Flüsse.

Maximale Gesamtlänge: 300 mm.

Nahrung: Insekten, Krebstierchen und andere kleine Wirbellose, sowie pflanzliches Material.

Ablaichverhalten: Berichten zufolge können die Männchen über 100 Eier in ihrer dehnungsfähigen Maulhöhle tragen. Es gibt jedoch keine Informationen über nachgezogene Jungtiere. Nur während der Brutzeit kann man die Geschlechter unterscheiden, wenn sich die Lippen der Männchen vergrößern, damit die Eier im Maul getragen werden können.

Aquariumpflege: Dieser Wels ist ideal für jedes große Gesellschaftsbecken. Ausgewachsene Tiere bevorzugen Sandsubstrat, in dem sie sich eingraben können, nach "Alligator-Art", so daß nur noch die Augen sichtbar sind. Wahrscheinlich ist dies eine Schutzmethode, um sich vor Räubern zu verbergen, oder aber eine Art, nach bodenbewohnenden Krebstieren zu jagen.

Dieser ungewöhnlich große Harnischwels ist unter Welsliebhabern begehrt und wird oft in Gesellschaft mit großen südamerikanischen Cichliden und Salmlern gehalten.

Otocinclus flexilis

Verbreitung: Brasilien und Argentinien.

Biotop: Lebt mit dem Marmorierten Panzerwels (*Corydoras paleatus*) zusammen.

Maximale Gesamtlänge: 50 mm.

Nahrung: Algen, Pflanzen und Wirbellose.

Ablaichverhalten: Ausgewachsene Männchen sind schlanker als die größeren, rundlicheren Weibchen. Die Eier werden auf Blättern oder dem Aquariumglas abgelegt und beschützt.

Aquariumpflege: Es gibt viele Berichte darüber, daß *Otocinclus* den Körperschleim anderer Fische absaugt, was kleine Verletzungen hervorruft. Dieses deutlich parasitische Verhalten tritt wahrscheinlich in Gefangenschaft auf, wenn wichtige Nahrungsbestandteile fehlen. Wahrscheinlich verschwindet diese Gewohnheit des ansonsten angenehmen Welses wieder, wenn ausreichend Grünfutter, wie Erbsen, Spinat und Salat angeboten werden. *Otocinclus flexilis* wird zusammen mit *Corydoras paleatus* importiert, dem er auch gleicht. In freier Natur leben sie in großen Schwärmen, weshalb man sie in Gefangenschaft ebenfalls in Gruppen halten sollte. Für dicht bepflanzte Becken sind sie nicht zu empfehlen, da sie weichblättrige Pflanzen verspeisen. Sie ernähren sich von Algen auf hartblättrigen Pflanzen (was für diese von Vorteil ist) und am Beckenglas, jedoch sollte dieser Diät ständig noch Salat, Spinat,

grüne Bohnen und eingeweichtes Flockenfutter (das schnell zu Boden sinkt) zugefügt werden. Sie fühlen sich unter allen möglichen Wasserbedingungen wohl und eignen sich sehr gut für kleine und mittelgroße Becken.

Otocinclus vestitus

Verbreitung: Peru, Brasilien und Kolumbien.

Biotop: Weitverbreitet in Flüssen.

Maximale Gesamtlänge: 50 mm.

Nahrung: Algen, Pflanzen und Wirbellose.

Ablaichverhalten: Die Eier werden auf Pflanzenblättern oder dem Beckenglas abgelegt. Es wird etwas Brutpflege betrieben. Die Männchen sind schlanker als die Weibchen.

Aquariumpflege: Hungrige Fische saugen sich auf anderen Fischen fest. Um diesem Verhalten gegenzusteuern, sollte man viel Grünfutter füttern. Dieser allgemein vorkommende *Otocinclus* gewöhnt sich an die meisten Wasserbedingungen und ist ideal für kleine Aquarien mit einem Algenproblem! Die Algendiät sollte jedoch mit anderem Grünfutter und eingeweichtem Flockenfutter angereichert werden.

Diese Art wurde fälschlicherweise für *Otocinclus affinis* gehalten, ein Wels, der zusammen mit *Corydoras nattereri* in den Flüssen im südlichen Brasilien vorkommt. Es ist möglich, daß die brasilianische Form von *O. vestitus* eine andere Art darstellt: *O. vittatus*.

Panaque nigrolineatus

Handelsname: Schwarzlinien-Harnischwels.

Verbreitung: Peru, Kolumbien, Venezuela und das Amazonasbecken.

Biotop: Große, mäßig schnell fließende Flüsse.

Maximale Gesamtlänge: 600 mm.

Nahrung: Pflanzen, Früchte, Algen und allgemeiner Abfall.

Ablaichverhalten: Reife Männchen tragen verdickte und stoppelige Rückenflossen- und Bruststacheln.

Aquariumpflege: Verhalten sich gegenüber Artgenossen territorial,

1

1. *Otocinclus vestitus*, Peru.
2. *Otocinclus affinis*, südliches Brasilien.
3. *Otocinclus spectablis*, Rio Meta, Kolumbien.
4. *Panaque nigrolineatus*, Jungtiere.
5. *P. suttoni*. Foto von Roger Häggström.
6. *Panaque sp.*, goldgelbe Variante.

2

3

sind aber ansonsten friedlich. Hungrige Importe können hohlbäuchig sein und leicht bei schlechter Wasserqualität umkommen. Diesen Welsen sollte man eine Vielfalt an Trockenfutter, Garnelen, Fischstückchen und Grünfutter, wie z. B. Spinat, anbieten, um einer Unterernährung vorzubeugen.

Diese brasilianische und peruvianische Riesenharnischwelse sind eindrucksvolle Fische; sie sind groß und tragen ein kennzeichnendes Nadelstreifenmuster und rote Augen. Es scheint mehrere Mustervariante unter Jungtieren zu geben, es ist jedoch noch unklar, ob alle zu einer Art gehören.

Panaque suttoni

Handelsname: Blauaugen-Harnischwels.

Verbreitung: Kolumbien.

Biotop: Große, fließende Flüsse.

Maximale Gesamtlänge: 450 mm.

Nahrung: Pflanzen, Früchte, Algen und allgemeiner Abfall.

Ablaichverhalten: Reife Männchen haben verdickte und stoppelige Stacheln.

Aquariumpflege: Verhalten sich gegenüber Artgenossen territorial, sind aber ansonsten friedlich. Neuimporte reagieren äußerst empfindlich auf schlechte Wasserbedingungen, weshalb man vor ihrer Einbringung ins Becken einen großen Wasserwechsel vornehmen und den Kies sorgfältig reinigen sollte. Die Mitglieder der Gattung *Panaque* sind große, robuste Welse, die sich nur für große Gesellschaftsaquarien eignen.

Der Blauaugen-Harnischwels ist ein ruhiger, zurückgezogen lebender Wels, dessen Zähne sich speziell zum Abraspeln von Aufwuchs eignen. Die biologische Bedeutung seiner leuchtendblauen Augen bleibt ein Geheimnis, jedoch haben sie auf die Aquarianer, die diese Welse unbedingt pflegen möchten, eine besondere Wirkung.

Parotocinclus amazonensis

Handelsname: Rotflossen-Otocinclus.

Verbreitung: Südbrasilien.

Biotop: Küstenflüsse.

Maximale Gesamtlänge: 50 mm.

Nahrung: Algen und Wirbellose.

Ablaichverhalten: Die Eier werden auf Blättern abgelegt. Die Männchen sind farbenprächtiger als die Weibchen.

1. *Parotocinclus maculicauda*, Brasilien.
2. *Peckoltia brevis*, Hochland Brasilien.
3. *Peckoltia pulcher*, Hochland Kolumbiens.
4. *Peckoltia vittata*.
5. *Peckoltia vermiculata*, Männchen.

Aquariumpflege: Friedlich. Neuimporte lassen sich nur schwer eingewöhnen, jedoch gedeihen sie gut in Gesellschaftsbecken mit hellem, neutralem, weichem Wasser. Sie fressen gerne Flockenfutter und feingemahlenen Spinat.

Der Rotflossen-Otocinclus mit seinen schönen, rotgeränderten Flossen und dem langen Körper, ist ein Favorit der Welsliebhaber. Er ähnelt auffallend dem *Otocinclus*, besitzt jedoch das eindeutige Unterscheidungsmerkmal einer Fettflosse.

Peckoltia brevis

Handelsname: Purus Zwergschilderwels.

Verbreitung: Brasilien.

Biotop: Hochlandströme.

Maximale Gesamtlänge: 100 mm.

Nahrung: Algen, Wirbellose und täglich große Mengen Grünfutter.

Ablaichverhalten: Die Männchen bewachen einen kleinen Klumpen Eier. Die Weibchen sind, von oben betrachtet, rundlicher. Die ausgewachsenen Männchen sind kleiner als die Weibchen und haben am vorderen Rand der Bruststacheln winzige Borsten.

Aquariumpflege: Eignen sich ideal für kleine Gesellschaftsaquarien, können sich aber gegenüber anderen Arten und Artgenossen territorial verhalten. Einzeltiere können in kleinen Gesellschaftsbecken gepflegt werden, jedoch sollten in Becken von weniger als 120 cm Länge nicht mehrere Tiere gleichzeitig gehalten werden. Der Purus Zwergschilderwels ist bei den Welsliebhabern begehrt, jedoch wird er nur selten importiert. Er benötigt klares, neutrales Wasser und fühlt sich bei einer regelmäßigen Versorgung mit Grünfutter, wie grünen Bohnen, Spinat und eingeweichtem Flockenfutter wohl.

Peckoltia pulcher

Handelsname: Gebänderter Zwergschilderwels.

Verbreitung: Kolumbien und Brasilien.

Biotop: Hochlandströme mit schnellfließendem Wasser.

Maximale Gesamtlänge: 100 mm.

Nahrung: Algen, Wirbellose und täglich große Mengen Grünfutter.

Ablaichverhalten: Die Männchen bewachen kleine Eihaufen. Die ausgewachsenen Weibchen sind, von oben betrachtet, rundlicher. Die Männchen scheinen jedoch farbenprächtiger als die Weibchen zu sein.

Aquariumpflege: Eignen sich wegen ihrer kleinen Körpergröße gut für kleine Gesellschaftsaquarien, können sich jedoch gegenüber Artgenossen äußerst territorial verhalten. Es ist nicht ratsam, mehrere Tiere zusammen in einem Becken von weniger als 120 cm Länge zu pflegen. Der Gebänderte Zwergschilderwels ist ebenfalls bei den Welsliebhabern gefragt. Er benötigt klares, neutrales Wasser und fühlt sich bei einer regelmäßigen Versorgung mit Grünfutter, wie grüne Bohnen, Spinat und eingeweichtes Flokkenfutter, wohl.

Peckoltia vittata

Handelsname: Zierbinden-Zwergschilderwels.

Verbreitung: Brasilien.

Biotop: Kleine, schnellfließende Ströme.

Maximale Gesamtlänge: 75 mm.

Nahrung: Algen, ausgesuchtes Pflanzenmaterial und Wirbellose.

Ablaichverhalten: Die Männchen bewachen einen kleinen Eihaufen. Die ausgewachsenen Weibchen sind, von oben betrachtet, etwas rundlicher.

Aquariumpflege: Verhalten sich im allgemeinen friedlich, wenn sie auch leicht revierverteidigend sein können.

Die Zierbinden-Zwergschilderwelse sind attraktiv und normalerweise schön mit Streifen und Flecken gezeichnet, was sie bei den Liebhabern sehr begehrt macht. Obwohl sie nicht den Seltenheitswert der Gebänderten Zwergschilderwelse haben, sind es ideale Reiniger kleiner Gesellschaftsbecken. Die kleine Größe und die Anpassungsfähigkeit an fast alle Wasserbedingungen haben diese Welse bei den Aquarianern so beliebt gemacht.

Pseudohemiodon laticeps

Verbreitung: Paraguay.

Biotop: Flüsse.

Maximale Gesamtlänge: 300 mm.

Nahrung: Algen, Grünfutter, Garnelen und kleine Wirbellose.

Ablaichverhalten: Die Männchen tragen die Eier in einer Maulfalte. Ausgewachsene Männchen sind kleiner als die Weibchen.

Aquariumpflege: Friedlich. Sie fühlen sich in Aquarien mit einer dünnen Schicht Sandsubstrat, in dem sie nach Nahrung suchen und sich eingraben können, wohl. Es ist wichtig, diesen größeren Harnischwelsen viel Futter zu geben — sie brauchen jedoch viel mehr Ballaststoffe als ihre kleineren Verwandten, z. B. *Otocinclus*.

Dieser riesige Wels gelangt hin und wieder mit Importen in den Handel. Einige Tiere tragen am Schwanz Fäden, die länger als der Körper sein können, diese werden jedoch häufig von unvorsichtigen Fischfängern abgebrochen.

Rineloricaria lanceolata

Handelsname: Lanzenharnischwels.

Verbreitung: Brasilien.

Biotop: Kleine Flüsse.

Maximale Gesamtlänge: 150 mm.

Nahrung: Algen, Grünfutter, kleine Wirbellose und Trockenfutter.

Ablaichverhalten: Die Eier werden in ein PVC-Röhrchen mit einem Durchmesser von 50-75 mm, das im Aquarium als Ersatz für hohles Schwemmholz, das im natürlichen Lebensraum dafür verwendet wird, abgelaicht. Das Männchen bewacht sie, bis die Jungen schlüpfen. Die Männchen sind deutlicher gezeichnet und schlanker als die Weibchen, wenn man sie von oben betrachtet. Sexuell reife Männchen tragen Borsten auf den Wangen oder seitlich vom Kopf.

Aquariumpflege: Friedlich. Diese Lanzenharnischwelse gedeihen gut bei einer Nahrung aus Erbsen, feingemahlenen Garnelen, geschnittenem Salat und Spinat und eignen sich ideal für alle

neutralen bis sauren Gesellschaftsbecken.

Der Wissenschaft sind fast 50 Arten dieser attraktiv gefärbten Welse bekannt, und diese brasilianische Variante mit der schwarzgefleckten Rükkenflosse ist am stärksten gefragt.

Rineloricaria lima

Verbreitung: Brasilien.

Biotop: Mittelgroße Flüsse.

Maximale Gesamtlänge: 180 mm.

Nahrung: Algen, Grünfutter, kleine Wirbellose und Trockenfutter (Pellets).

Ablaichverhalten: Diese Art kann man im Aquarium regelmäßig, ähnlich wie *Rineloricaria lanceolata,* zum Ablaichen bringen. Die Männchen sind deutlicher gezeichnet und schlanker als die Weibchen, wenn man sie von oben betrachtet. Geschlechtsreife Männchen tragen auf den Wangen oder seitlich am Kopf Borsten.

Aquariumpflege: Friedlich. *Rineloricaria* sind ideale Substratpfleger in Gesellschaftsbecken. Sie verlassen so gut wie nie das Substrat, weshalb sie mit Tablettenfutter oder eingeweichtem Flockenfutter (das von den meisten Welsen angenommen wird), das sofort zum Aquariumboden sinkt, versorgt werden sollten. Die Zugabe von schnellsinkendem Futter soll garantieren, daß sie keine Fütterung verpassen.

Rineloricaria lima, R. stewarti von Guyana bis Brasilien und *R. fallax* und *R. lanceolata* von Brasilien, sind wahrscheinlich die bekanntesten der etwa zehn importierten *Rineloricaria*-Arten. Alle sind perfekte Aquariumwelse.

1. *Pseudohemiodon laticeps*, Paraguay.
2. *Rineloricaria lima*, Flußsystem des Meta system, Kolumbien.
3. *Rineloricaria* Junge, 2-3 Tage nach dem Schlüpfen.
4. *Rineloricaria* lieben die Wasserströmung.
5. *Rineloricaria heteroptera,* Brasilien.
6. *Sturisoma aureum*, Meta system, Colombia.

Sturisoma aureum

Handelsname: Goldbartwels.

Verbreitung: Kolumbien und Venezuela.

Biotop: Flußsystem des Meta.

Maximale Gesamtlänge: 300 mm.

Nahrung: Algen, Grünfutter und kleine Wirbellose.

Ablaichverhalten: Die Eier werden an senkrechten Flächen, wie z. B. das Beckenglas oder langblättrige Pflanzen, befestigt. Die Männchen halten sich bei den Eiern auf, bis die Jungen schlüpfen. Vor der Geschlechtsreife sind die Geschlechter kaum zu unterscheiden. Während der Brutzeit entwikkeln die Männchen Borsten auf den Wangen. Diese werden wahrscheinlich nach der Brutsaison wieder abgeworfen, was die Geschlechtsbestimmung dann wieder erschwert.

Aquariumpflege: Verhalten sich schwach territorial gegenüber Artgenossen, jedoch können einige Tiere leicht in einem großen Aquarium zusammen gehalten werden. Gegenüber anderen Arten ist er friedlich und somit ein idealer, großer Wels für Gesellschaftsbecken.

Der Goldbartwels ist auch als *Sturisoma panamense* bekannt und ist mit *S. barbatum* einer der populärsten, großen, nicht-räuberischen Welse. Seine Flossenverlängerungen können fast so lang wie sein Körper werden. Hat sich diese Art erst einmal in einem gesunden Aquarium eingelebt, ist sie leicht zu züchten und die großartig gezeichneten, 50 mm großen Jungfische — nur Flossen und spindeldürrer Körper — behalten ihre attraktive braune und beige Streifenzeichnung auch als adulte Tiere bei.

Sturisoma barbatum

Handelsname: Gemeiner Bartwels.
Verbreitung: Paraguay.
Biotop: Große, fließende Flüsse.
Maximale Gesamtlänge: 300 mm.
Nahrung: Algen, Grünfutter und kleine Wirbellose.
Ablaichverhalten: Ähnlich wie bei *Sturisoma aureum*.
Aquariumpflege: Friedlich. Große Aquarien, die mit Schwemmholz verziert sind, eignen sich ideal für diesen Wels. *Sturisoma barbatum* ist ein guter Begleiter für andere, widerstandsfähige Harnischwelse, obwohl ihre Flossenverlängerungen schon einmal während Revierauseinandersetzungen oder von Fischen in den oberen Wasserschichten abgenagt werden können. Sie brauchen für ihr Wohlbefinden viel Grünfutter und viel Raum in hellem Wasser.

Diese Art gleicht *S. aureum*, ist aber schlanker und von Gestalt beinahe *Farlowella*-ähnlich.

Familie: PIMELODIDAE, Antennenwelse

Diese schuppenlosen Räuber sind in Südamerika weitverbreitet. Die größeren Formen leben in breiten, schnellfließenden Flüssen und sind durch große Greifmäuler und einen breiten Schwanz, der beim Schießen durchs Wasser behilflich ist, gekennzeichnet. Die kleineren Formen haben winzige Augen und gruppieren sich zu riesigen Schulen über dem Boden großer und kleiner Flüsse. Diese Familie ist eine ständige Herausforderung für Welszüchter, da sich bisher noch kein Brutversuch oder Versuch, Junge heranzuziehen, als erfolgreich erwies.

Brachyrhamdia imitator

Handelsname: Imitatorwels.
Verbreitung: Venezuela.
Biotop: Große, fließende Flüsse.
Maximale Gesamtlänge: 75 -100 mm.
Nahrung: Insektenlarven und verschiedene andere Wirbellose.
Ablaichverhalten: Aus noch unveröffentlichter Information über Beobachtungen im natürlichen Biotop und aus dem Verhalten im Aquarium ist zu schließen, daß es sich bei den meisten Pimelodiden um Eierstreuer handelt, jedoch gibt es so gut wie keine dokumentierten Einzelheiten. Die Weibchen sind hochrückiger als die Männchen.
Aquariumpflege: Sie verhalten sich gegenüber Fischen ihrer eigenen Größe friedlich, obwohl sie gegenüber Artgenossen leicht territorial auftreten können. *Brachyrhamdia*

1. *Sturisoma barbatum*.
2. *Sturisoma sp.*, Männchen bei der Brutpflege.
3. *Sturisoma aureum* fressen blanchierte Erbsen.
4. *Brachyrhamdia imitator*, Venezuela.

1. *Brachyrhamdia marthae.*
2. *Brachyrhamdia rambarrani,* Oberer Rio Negro, Brasilien.
3. *Leiarius marmoratus.*
4. *Leiarius pictus*, Amazonas, Brasilien.

sind aktive, schnellschwimmende Fische und für große Aquarien gut geeignet.

Dies ist eine von vier Arten, die den Wissenschaftlern bekannt sind (*B. marthae* und *B. meesi* wurden vom Autor entdeckt und beschrieben). Der Imitatorwels wird zusammen mit *Corydoras delphax* und *Corydoras melanistius* importiert, deren Körperzeichnung ähnlich ist. Warum sie die *Corydoras*-Zeichnung imitieren, d. h. bezüglich der möglichen biologischen oder umweltbedingten Vorteile, bleibt rätselhaft. Aus einigen Beobachtungen ist zu schließen, daß sie sich gegenüber *Corydoras* während der Fütterung aggressiv verhalten können, was als Hinweis auf die Beziehung dieser beiden Welsgruppen zueinander sein könnte.

Brachyrhamdia marthae

Handelsname: Blauer Imitatorwels.
Verbreitung: Peruvianischer und brasilianischer Amazonas.
Biotop: Fließende Ströme.
Maximale Gesamtlänge: 75 -100 mm.
Nahrung: Insektenlarven und verschiedene Wirbellose.
Ablaichverhalten: Von großen Weibchen ist bekannt, daß sie Tausende Eiern produzieren, jedoch gibt es noch keinen Bericht über ein erfolgreiches Ablaichen in Gefangenschaft. Die reifen Weibchen sind hochrückiger als die Männchen.
Aquariumpflege: Es ist ratsam, diese generell friedfertige Art in großen Aquarien zu pflegen, da sie gegenüber Artgenossen territorial sein können, sowie aggressiv gegenüber kleineren Welsen.

Diese Art war den Welsliebhabern schon recht gut bekannt, als sie vom Autor 1985 beschrieben wurde. Sie wird zusammen mit *Corydoras pygmaeus*, die dasselbe Muster auf den Flanken zeigt, importiert.

Brachyrhamdia rambarrani

Verbreitung: Brasilianischer Amazonas.
Biotop: Fließende Ströme.
Maximale Gesamtlänge: 100 mm.
Nahrung: Insektenlarven und verschiedene andere Wirbellose.
Ablaichverhalten: Die reifen Weibchen sind hochrückiger als die Männchen.
Aquariumpflege: Diese Art sollte in großen Aquarien gepflegt werden, u. z. allein oder in kleinen Gruppen, um Revieraggression zu unterdrücken.

Diese Welsart ist die seltenste der vier bekannten Arten. Sie wird zusammen mit einer anderen seltenen Welsart, *Corydoras duplicareus*, importiert, die denselben Streifen auf der oberen Körperhälfte und eine Augenmaske trägt.

Leiarius marmoratus

Verbreitung: Peruvianischer und brasilianischer Amazonas.

Biotop: Große Flüsse.

Maximale Gesamtlänge: 450 - 500 mm.

Nahrung: Kleine Fische, Krebstiere und andere Wirbellose, sowie Früchte.

Ablaichverhalten: Die Männchen sind schlanker als die Weibchen.

Aquariumpflege: Wegen ihrer großen Körperlänge bei den adulten Tieren und ihrer Revieraggression sollte man dieser Art ausreichend Lebensraum zugestehen. Dieser räuberische Wels benötigt ein großes Aquarium mit einem ordentlichen Wasserfluß (idealerweise über Pumpen und Filter) und mit einem Schwimmraum von mindestens zehnmal seiner Länge. Wenn sie reif sind, sollten diese großen, räuberischen Welse nur zweimal die Woche gefüttert werden.

Jahrelang wurde diese Art mit *Perrunichthys* verwechselt, die ähnlich ist, aber weniger Rückenflossenstacheln hat.

Leiarius pictus

Verbreitung: Brasilianischer Amazonas.

Biotop: Große, fließende Ströme.

Maximale Gesamtlänge: 600 mm.

Nahrung: Kleine Fische, Krebstiere und andere Wirbellose, sowie Früchte.

Ablaichverhalten: Die Männchen sind schlanker als die Weibchen.

Aquariumpflege: Zwei Tiere werden Revierverteidigung demonstrieren und sich gegenseitig eine Menge Verletzungen an Körper und Flossen zufügen, wenn sie zusammen in einem Aquarium gehalten werden. Auch sollte man diese Art wegen ihres ausgeprägten Revierverhaltens nicht mit anderen großen Antennenwelsen vermischen. Versorgt mit großen Regenwürmern, kleinen Stücken

Garnelen und Süßwasserfischen wird sich dieser Wels in einem gesunden Aquarium wohlfühlen.

Mit seinen 600 mm, würde dieser graziöse, langbartelige, brasilianische Wels einen großartigen Wels in einem seiner Größe angemessenen Aquarium hergeben. Importe von Wildfängen sind heute recht selten, aber dieser Wels scheint im Handel unter Anwendung von Hormonen gezüchtet zu werden.

1. *Microglanis iheringi.*
2. *Perrunicthys perruno*, Venezuela.
3. *Phractocephalus hemioliopterus*, Jungfische des Rotflossen-Antennenwelses.
4 and 5. *Ph. hemioliopterus,* Amazonas.

1

2

Microglanis iheringi

Handelsname: Kleiner Marmor-Antennenwels, Kleiner Harlekinwels.
Verbreitung: Peru, Venezuela und Kolumbien.
Biotop: Ströme und große, fließende Flüsse.
Maximale Gesamtlänge: 100 mm.
Nahrung: Kleine Wirbellose.
Ablaichverhalten: Wird für einen Eierstreuer gehalten — die Männchen sind kleiner als die Weibchen.
Aquariumpflege: Friedlich gegenüber größeren Fischen. Kann in Gefangenschaft äußerst scheu sein, wie die meisten Nachtarten, wird sich aber zur Nahrungssuche in den freien Raum des Aquariums vorwagen, vorausgesetzt, das Becken ist etwas verdunkelt.

Dieser Zwergantennenwels mit seinem braunen und gelb/beigen Bänderungsmuster wurde früher mit dem asiatischen *M. poecilus* verwechselt, einer viel größeren Art, die zur Familie der Stachelwelse gehört.

Perrunichthys perruno

Verbreitung: Venezuela.
Biotop: Große, fließende Flüsse.
Maximale Gesamtlänge: 600 mm.
Nahrung: Kleine Fische, Krebstiere und andere Wirbellose, sowie Früchte.
Ablaichverhalten: Die reifen Männchen sind beträchtlich kleiner als die hochrückigen Weibchen.
Aquariumpflege: Wie *Leiarius* benötigt diese Art beträchtlich viel freien Schwimmraum, wenn sie artgerecht in Gefangenschaft gepflegt werden soll. Wird mehr als ein Tier im selben Becken gepflegt, kommt es zu Revieraggression. Wie alle großen Antennenwelse gewöhnt auch diese Art sich leicht an ein breites Spektrum von pH-Werten und Härtegraden. Damit sie sich jedoch wohlfühlen, sollten ihnen helles, sauberes Wasser mit einem hohen Sauerstoffgehalt gewährt werden. Dazu benötigen die angemessenen Aquarien geeignete Filter, und große Teilwasserwechsel müssen regelmäßig durchgeführt werden,

damit das Aquarium in gesundem Zustand bleibt.

Wenn diese Art auch generell *Leiarius* ähnelt, so helfen doch der viereckige Kopf und Rückenflosse von *Perrunichthys* bei der Unterscheidung der beiden Welse. *Perrunichthys* ist auch viel seltener unter Fischimporten zu finden als *Leiarius.* Die Bedingungen sind für beide Raubarten dieselben, und das territoriale und räuberische Verhalten ist bei beiden Arten sehr ähnlich.

andere größere Wirbellose.

Ablaichverhalten: Die reifen Männchen sind kleiner als die Weibchen, besitzen einen leuchtenderen roten Schwanz und sind, von oben betrachtet, schlanker.

Aquariumpflege: Diese Art ist extrem territorial und muß im Aquarium allein gepflegt werden, es sei denn, es handelt sich um ein

3

4

Phractocephalus hemioliopterus

Handelsname: Rotflossen-Antennenwels.

Verbreitung: Peruvianischer, guayanischer und brasilianischer Amazonas.

Biotop: Hauptströme.

Maximale Gesamtlänge: 1,000 mm.

Nahrung: Fische, Krebstiere und

5

Aquarium mit den Ausmaßen eines öffentlichen Schauaquariums. Man weiß, daß diese Welse versuchen, jeden Fisch (und jedes leblose Objekt, wie Heizstäbe und Klemmen), die in ihr Maul passen, zu verschlingen. Rotflossen-Antennenwelse werden schon seit 20 Jahren in Gefangenschaft gehalten. In den Mägen von Tieren, die in den riesigen Fällen des Flusses Madeira in Brasilien gefangen wurden, wurden Süßwasserkrabben, Früchte und Samen gefunden. Diese Art wird sehr schnell zahm und läßt sich aus der Hand füttern. Sie eignet sich nur für die größten Aquariumsysteme und wächst schnell aus jedem Standardbecken heraus. Sie benötigt einen Schwimmraum von mindestens zehnmal der eigenen Körperlänge, was sie im Erwachsenenalter von jedem Heimaquarium ausschließt. Es sind zwar Jungtiere auf dem Markt erhältlich, jedoch sollte man diese meiden, wenn man nicht plant, ein 1000+ Liter System aufzubauen.

Pimelodella cristata

Handelsname: Schlanker Fadenwels.

Verbreitung: Weitverbreitet.

Biotop: Kleine, fließende Ströme.

Maximale Gesamtlänge: 200 mm.

Nahrung: Kleine Wirbellose.

Ablaichverhalten: Ist als Eierstreuer bekannt. Manchmal tragen ausgewachsene Männchen verlängerte Rückenflossenfäden und sind schlanker als die Weibchen.

Aquariumpflege: Räuberisch gegenüber kleineren Fischen. Geschlechtsreife *Pimelodella*-Tiere werden auf kleine Fische Jagd machen, wenn sie nicht gut gefüttert werden. Ansonsten werden sie Fertigfutter annehmen und kaum noch jagen. Aquariumexemplare werden selten größer als 100 mm, obwohl sie in freier Natur die doppelte Größe erreichen können.

1. *Pimelodella cristata*, Brasilien.
2. *Pimelodus blochi*, southern Brasilien.
3. *Pimelodus maculatus*, Brasilien.
4. *Pimelodus ornatus*, Amazonas.

Diese allgemein vorkommende Art, die auch als *P. gracilis* und *P. geryi* bekannt ist, wird leicht mit ihrem größeren Vetter, *Pimelodus* verwechselt. Jedoch kann man sie leicht an der verlängerten Fettflosse (zweite Rückenflosse) erkennen.

Pimelodus blochi

Handelsname: Fettwels, Gemeiner Antennenwels, Langbart.
Verbreitung: Weitverbreitet in ganz Südamerika.
Biotop: Große Flüsse.
Maximale Gesamtlänge: 200 mm.
Nahrung: Kleine Fische, Insektenlarven, ausgesuchte Krebstiere und andere Wirbellose.
Ablaichverhalten: Die Weibchen sind hochrückiger als die Männchen.
Aquariumpflege: Diese Welse verhalten sich gegenüber kleineren Fischen räuberisch. Der gemeine Antennenwels kommt von Brasilien bis Peru vor und formt in schnellfließenden Gewässern riesige Schwärme. Es ist eine territoriale Art, obwohl sie in Gruppen von drei und mehr Tieren weniger streiten. Gegenüber kleineren Fischen verhalten sie sich räuberisch, und es ist bekannt, daß sie gegenüber kränklichen Fischen besonders aggressiv sind. Hält man sie jedoch mit großen, robusten Fischen zusammen und gibt ihnen eine abwechslungsreiche Nahrung aus großen Garnelen, zerkleinerten Regenwürmern, Trockenfutter (Pellets und große Flocken), eignen sie sich gut als aktive Mittwasserschwarmwelse in großen Becken.

Pimelodus maculatus

Handelsname: Fleckenantennenwels.
Verbreitung: Brasilien bis Paraguay.
Biotop: Große Flüsse.
Maximale Gesamtlänge: 150 mm.
Nahrung: Kleine Fische.
Ablaichverhalten: Die ausgewachsenen Weibchen sind größer und hochrückiger als die Männchen.
Aquariumpflege: Wie allen Arten dieser Gattung ist auch diesem Wels in Gefangenschaft mit anderen kleineren Fischen nicht zu trauen. *Pimelodus* ist in den Nachtstunden aktiv und wird sich sofort als Räuber erweisen, wenn er mit verletzlichen Fischen zusammen ist.

Es handelt sich hierbei um einen der deutlicher gezeichneten *Pimelodus*-Welse mit einem silbrigen Bauch, aber mit eher graubraunen als schwarzen Flecken.

Pimelodus ornatus

Handelsname: Schmuckantennenwels.
Verbreitung: Paraguay bis Guayana.

Biotop: Große Flüsse.

Maximale Gesamtlänge: 200 mm.

Nahrung: Kleine Fische, Insektenlarven und ausgewählte Krebstiere.

Ablaichverhalten: Die ausgewachsenen Weibchen sind größer und hochrückiger als die Männchen.

Aquariumpflege: Große Tiere sind als aggressiv bekannt, die auf kleinere Fische Jagd machen. Werden sie jedoch gut mit Fertig- oder Frischfutter versorgt, sind sie viel weniger räuberisch.

Dies ist wahrscheinlich die hübscheste *Pimelodus*-Art, die für Aquarianer erhältlich ist, und läßt sich anhand eines Flecks auf der Rückenflosse erkennen. Obwohl sie weitverbreitet zu sein scheint, stammen die gelegentlichen Importe alle aus dem Fluß Paraguay, der von Südbrasilien aus südwärts durch Paraguay nach Argentinien fließt.

1

Pimelodus pictus

Handelsname: Engelantennenwels.

Verbreitung: Peru und Kolumbien.

Biotop: Fließende Ströme und große Flüsse.

Maximale Gesamtlänge: 125 -150 mm.

Nahrung: Kleine Fische, Insektenlarven, ausgesuchte Krebstiere und andere Wirbellose.

2

Ablaichverhalten: Eierstreuer — die Männchen sind kleiner als die Weibchen.

Aquariumpflege: *Pimelodus pictus* ist bei den Aquarianern beliebt, weil er ein aktiver Schwimmer ist. Wird er mit einer abwechslungsreichen Kost versorgt, ist er viel weniger räuberisch; dennoch ist es ratsam, *Pimelodus* in einem Aquarium zusammen mit größeren Fischen zu pflegen.

Dieser silberbäuchige, schwarzgepunktete Wels aus dem Fluß Meta in Peru und Kolumbien ist der beliebteste nicht-*Corydoras* Wels, der für Aquarianer erhältlich ist. Es gibt zwei bekannte Formen: die kolumbianische Art trägt einige undeutliche Punkte auf dem Körper, wogegen die peruanische mit vielen, deutlich umrissenen Punkten verziert ist. Wegen der vielen bekannten *Pimelodus*-Arten, ist die versuchsweise Identifizierung dieser Arten durch Fischfänger noch nicht wissenschaftlich bestätigt worden.

4

1. *Pimelodus pictus*, Amazonas, Brasilien.
2. Pimelodiden Art.
3. *Pseudopimelodus raninus*, Brasilien.
4. Raubwelse wie *Pimelodus pictus* sollten nicht in Gesellschaft mit kleinen Arten gepflegt werden.

Pseudopimelodus raninus

Handelsname: Riesiger Frosch-Fettwels.

Verbreitung: Peruvianischer und brasilianischer Amazonas.

Biotop: Große Flüsse.

Maximale Gesamtlänge: 150 mm.

Nahrung: Kleine Wirbellose.

Ablaichverhalten: Die Männchen sind kleiner und schlanker als die Weibchen.

Aquariumpflege: Räuberisch gegenüber kleineren Fischen. Diese Art ist, was die Aquariumpflege betrifft, im Grunde genommen ein Riesen-*Microglanis*. *Pseudopimelodus* paßt sich an alle möglichen Wasserverhältnisse an, sollte aber nicht in überbesetzten Aquarien gehalten werden, wenn er gut gedeihen soll. Dieser Wels ist ein Nachträuber und wird in Gefangenschaft kleinere Fische im Becken auffressen.

Es gibt mehrere *Raninus*-Formen, die die Wissenschaftler in Unterarten aufgeteilt haben.

Pseudopimelodus zungaro

Handelsname: Zungarowels.

Verbreitung: Kolumbien.

Biotop: Große Flüsse.

Maximale Gesamtlänge: 200 mm.

Nahrung: Kleine Fische und Wirbellose.

Ablaichverhalten: Unbekannt. Es sind keine Geschlechtsunterschiede bekannt.

Aquariumpflege: Verhält sich räuberisch gegenüber kleineren Fischen. Diese Art ist, wie *Raninus*, sehr strapazierfähig und gedeihen bei allen möglichen Wasserverhältnissen. Wie die meisten Pimelodidenarten ist auch diese Art territorial, und tagsüber, wenn sie sich verstecken wollen, werden sie um vorhandene Verstecke streiten.

Diese hübsch gebänderten Welse haben winzige Augen, ein Hinweis, daß sie extrem nachtaktiv sind. In Aquarien sieht man sie selten bei Ta-

1

1. Die Ufer in Brasilien tragen Markierungen von wechselendem Wasserstand.
2 und 3. *Pseudopimelodus zungaro*, Brasilien.

geslicht. *Ps. zungaro* ist, wie *Ps. raninus*, in Unterarten unterteilt.

Pseudoplatystoma fasciatum

Handelsname: Tigerspatelwels, Schaufelmaul.

Verbreitung: In ganz Südamerika weitverbreitet.

Biotop: Hauptströme.

Maximale Gesamtlänge: Es wird behauptet, daß dieser Wels in freier Natur bis zu 2.000 mm lang werden kann, jedoch werden in Gefangenschaft lebende Tiere selten über 600 mm groß.

Nahrung: Fische, Krebstiere und alles, was ihnen unglücklicherweise in den Weg kommt.

Ablaichverhalten: Unbekannt. Es sind keine Geschlechtsunterschiede bekannt.

Aquariumpflege: Verhalten sich räuberisch und sind ein Unsicherheitsfaktor mit allem, was nicht größer ist als große Salmler, wie z. B. der Piranha-ähnliche Pacu. Jungtiere kann man dazu ermuntern, Regenwürmer und kleine Stücke Garnelen oder Süßwasserfische (z. B. Forellen) zu fressen, jedoch scheinen die ausgewachsenen Tiere Lebendfutter zu benötigen. Die enorme Größe des Tigerspatelwelses schreckt wahrscheinlich die meisten Aquarianer ab! Einen Tigerspatelwels zu pflegen ist in der Tat eine Kunst, die nur wenige Welsliebhaber beherrschen. Man sollte ihn nur füttern, wenn er Hunger zeigt, indem er an der Wasseroberfläche schwebt oder auf die Gegenwart von Menschen um das Aquarium

reagiert. Er verdaut seine Nahrung sehr langsam über Tage hinweg, wobei er ausruht, wie eine große Boa. Große Tiere lassen sich zähmen und reagieren auf regelmäßige Fütterung. Ein Teil des Beckens sollte abgedunkelt sein, und im Becken sollte sich ein großer Zweig befinden, unter dem der Wels sich ausruhen kann. Einige Aquarianer, darunter auch der Autor, bezweifeln, ob es richtig ist, solch große Welse aus schnellfließenden Gewässern (*Phractocephalus* ist ein anderes Beispiel dafür) im Aquarium zu pflegen, da nur die großen öffentlichen Aquarien ihnen angemessen sind. Dennoch werden sie für den Aquariumhandel importiert und einige Tiere wurden schon über Jahre gepflegt.

Sorubim lima

Handelsname: Spatelwels.
Verbreitung: In Südamerika weitverbreitet.
Biotop: Unbekannt.

1. *Pseudoplatystoma fasciatum.*
2. Ansicht vom Amazonas.
3. *Sorubim lima.*
4. *Brachyplatystoma juruensis,* der "False Tigrinus" — ein Riesenwels aus Brasilien.
5. *Merodontotus tigrinus*, 1981 entdeckt, war einmal einer der am meisten gefragten, großen Raubwelse .

Maximale Gesamtlänge: 450 mm.

Nahrung: Kleine Fische.

Ablaichverhalten: Unbekannt. Es sind keine Geschlechtsunterschiede bekannt.

Aquariumpflege: Diese Art sollte nur mit größeren Fischen gehalten werden. Der allgemein vorkommende Antennenwels stellt eine der wenigen Raubarten dar, die man leicht von lebenden Fischen entwöhnen kann. Er verliert sein Raubinstinkt sehr schnell, wenn er regelmäßig mit Garnelen, Fischstückchen und Regenwürmern gefüttert wird. *Sorubim lima* fühlt sich bei vielen pH und Härtebedingungen wohl und benötigt nur helles, gutgefiltertes Wasser. Es scheint einer der wenigen größeren Antennenwelse zu sein, die zusammen in kleinen Gruppen gehalten werden können, vor allem, wenn sie als Jungtiere eingesetzt werden. Eine gute Belüftung und regelmäßig großzügige Wasserwechsel werden für gutes Wachstum und eine gute Entwicklung dieser Art in Gefangenschaft sorgen.

Afrikanische und Asiatische Welse

Familie: BAGRIDAE.
Die Familie Bagridae (*Mystus, Leiocassis, Chrysichthys, Bagrus, Auchenoglanis*, usw.) umfaßt Arten, die in Afrika und Asien vorkommen. Es sind schuppenlose Welse, die sich zu wirkungsvollen Räubern in Flüssen, Strömen und Seen entwickelt haben. Die meisten Arten eignen sich nicht für Gesellschaftsaquarien, weshalb man sehr vorsichtig sein sollte, wenn man ein Mitglied dieser Familie faszinierender Welse in ein bereits etabliertes System einbringen möchte.

1

2

Auchenoglanis occidentalis

Handelsname: Augenfleckwels.
Verbreitung: In tropisch Afrika weitverbreitet.
Biotop: Flüsse und Seen.
Maximale Gesamtlänge: 400 - 600 mm.
Nahrung: Vielfältig; Garnelen, Regenwürmer und Fisch.
Ablaichverhalten: Adulte Männchen sind kleiner und schlanker als die Weibchen.
Aquariumpflege: Sollte nur in Gesellschaft mit großen Fischen gepflegt werden. Diese Art akzeptiert alle möglichen Wasserbedingungen (hart oder weich) und pH-Werte von 6,6 - 8,1. Die jungen Augenfleckwelse sind hübsch gemustert. Bei ausgewachsenen Tieren weicht jedoch die attraktive, giraffenähnliche Zeichnung einem Goldbraun. Den adulten Tieren kann nur ein sehr großes Aquarium einen angemessenen Lebensraum bieten. In freier Natur benutzen sie ihre lange Schnauze, um den Schlamm nach Insekten und Krebstieren durchzusieben. Im Aquarium können die adulten Tiere wegen ihrer dauernden Grabaktivität sehr zerstörerisch sein, was auch die Wirkung eines Bodenfilters stark beeinträchtigen kann. Dies seinerseits kann sich wieder negativ auf die Wasserqualität auswirken. Deshalb eignen sich diese Welse kaum für ein bepflanztes und schön gestaltetes Becken. Die Jungen sind sehr widerstandsfähig und mischen sich gut unter große Cichliden oder Salmler.

Bagarius bagarius

Verbreitung: Ganges und Mekongbecken.
Biotop: Schnellfließendes Wasser in großen Flüssen.

1 und 2. *Auchenoglanis occidentalis*.
3. *Bagarius yarrelli*, Mekong.
4 und 5. *Chaca bankanensis*, Sumatra und Borneo.

Maximale Gesamtlänge: 200 mm.

Nahrung: Insekten.

Ablaichverhalten: Die Lebensgeschichte dieser Art ist kaum bekannt. Auch äußere Geschlechtsmerkmale, wenn sie bestehen, sind zur Zeit noch unbekannt.

Aquariumpflege: Räuber kleiner Fische, weshalb sie sich nicht für Gesellschaftsbecken eignen. *Bagarius* sind sehr schwer in Gefangenschaft zu pflegen, wenn nicht darauf geachtet wird, daß das Wasser einen hohen Sauerstoffgehalt hat und der pH konstant auf 7,1 - 7,5 gehalten wird.

Dieser flache, stromlinienförmige Wels kann leicht mit Arten der Gattung *Glyptothorax*, kleineren, flachmäuligen Welsen aus der Familie Sissoridae in schnellfließenden Gewässern, verwechselt werden. Es sind mehrere *Bagarius*-Arten bekannt, einschließlich einer Riesenart, die zu der unglaublichen Länge von 1,8 m heranwächst.

Chaca chaca

Verbreitung: Brahmaputra/Gangesbecken in Indien und Bangladesch.

Biotop: Flüsse und Bäche außerhalb der Regenwaldregionen.

Maximale Gesamtlänge: 180 mm.

Nahrung: Fische und Krebstiere.

Ablaichverhalten: Unbekannt. Geschlechtsunterschiede sind nicht bekannt.

Aquariumpflege: Kann zusammen mit großen Fischen gepflegt werden. Frißt im Aquarium frischen Fisch und Garnelenstücke. Kleine Tiere können leicht in Gefangenschaft verhungern, wenn ihnen keine kleine lebende Regenwürmer oder ähnliche Wirbellose angeboten werden.

Es gibt Berichte über Beobachtungen extrem nachtaktiver Welse, die einen nützlichen Einblick in seine Gewohnheiten geben: "*Die Chacas sind die meiste Zeit inaktiv; sie ruhen lange*

bewegungslos auf dem Substrat, und wenn kleine Fische in die Nähe kommen, bewegen sich die Barteln auf eine Weise, daß man sie für Würmer halten könnte - eine Täuschung für seine Beute. Sobald ein ahnungsloser Fisch in Reichweite kommt, saugt ihn Chaca in sein Maul ein". Das außergewöhnliche Maul des Chaca verrät seine räuberische Natur. Eine andere Art, *Chaca bankanensis*, die nur in den Bächen des Regenwaldes der südlichen Malaien Halbinsel und Indonesiens vorkommt, hat ein dunkleres Farbmuster als *Chaca chaca*.

1. *Chrysichthys ornatus*, Zaire.
2 und 3. *Clarias batrachus*.
4. *Clarotes laticeps*.
5. *Eutropiellus debauwi*.

Chrysichthys ornatus

Handelsname: Marmorierter Stachelwels.

Verbreitung: Zairefluß.

Biotop: Zwischen Felsen, die vor der Strömung geschützt sind.

Maximale Gesamtlänge: 200 mm.

Nahrung: Krebstiere, Insektenlarven und Fischjunge.

Ablaichverhalten: Männchen sind kleiner und als Jungtiere stärker gemustert.

Aquariumpflege: Kleine Tiere können zusammen mit mittelgroßen Fischen gepflegt werden, jedoch können Tiere von 150 mm Länge auf empfindliche Fische Jagd machen. Bei dieser Art handelt es sich um eifrige Räuber, die in der Dämmerung und bei Nacht Fische erbeuten werden. Deshalb sollte man sie nicht als Gesellschaftsart betrachten.

Chrysichthys ornatus ist in letzter Zeit leichter erhältlich. Die adulten Tiere sind einfarbig grau, die Jungfische und halbwüchsigen Welse dagegen jedoch kühn in Braun und Schwarz auf einem goldgelben und silbrigen Hintergrund gebändert.

Clarias batrachus

Verbreitung: Asien.

Biotop: Flüsse und Teiche.

Maximale Gesamtlänge: 450 mm.

Nahrung: Nimmt jedes Futter an.

Ablaichverhalten: Kommerzielle und

wissenschaftliche Experimente führten zu vielen Nachzuchten. Dafür ist jedoch ein großes Becken nötig. Die ausgewachsenen Männchen haben verdickte Bruststacheln.

Aquariumpflege: Große Tiere können nur unter Schwierigkeiten in Gesellschaft mit großen Gesellschaftsfischen gepflegt werden, da sie beim Fressen gierig sind und in der Lage, die Flossen von weniger robusten Arten zu zerfetzen.

5

Diese Art wird im Fernen Osten auf Fischfarmen kommerziell nachgezogen und ist leicht über Einfuhren aus Singapur erhältlich, vor allem die Albinoform. Die malaiischen Wildformen werden als grün bis dunkelbraun mit rötlichen Rändern beschrieben, jedoch werden diese nur selten für den Aquariumhandel importiert. In freier Natur (wo auch einige Albinos vorkommen) werden die Eier in etwa 250 mm großen Löchern abgelaicht, die vorher am Tümpelufer unterhalb der Wasseroberfläche angelegt werden. Schätzungsweise werden zwischen 2.000 und 15.000 Jungfische von jedem Nest aufgezogen. In Florida und anderen Staaten von Amerika ist dieser Wels verboten, da er in einheimische Gewässer eingeschleppt wurde. Jedoch sind Geschichten über riesige Exemplare, die Haustiere angreifen und nachts Autofahrer verwirren, wenn sie über die Straße wandern, stark übertrieben. Jedoch wurden durch eine Sturmflut Zuchtstämme in die Everglades geschwemmt und stellten eine echte Bedrohung für die einheimischen Fische dar.

Clarotes laticeps

Handelsname: Großer Silberstachelwels.

Verbreitung: Nebenflüsse des Blauen und Weißen Nils, im Niger- und Chadbecken.

Biotop: Große Flüsse.

Maximale Gesamtlänge: 600 mm.

Nahrung: Krebstiere und Fische.

Ablaichverhalten: Eierstreuer. Die Männchen besitzen eine etwas längere Fettflosse und sind schlanker als die Weibchen.

Aquariumpflege: Eignen sich nur zur Vergesellschaftung mit großen, robusten Fischen.

Dieser durch und durch räuberische Wels, der über Importe aus dem Fluß Niger erhältlich ist, kann an seiner charakteristischen Fettflosse erkannt werden, die manchmal in der Literatur auch zweite Rückenflosse genannt wird. Die weißspitzige Schwanzflosse ist kennzeichnend. Das Raubfischverhalten des *Clarotes* macht ihn für die meisten Gesellschaftsbecken un-

geeignet. In große Becken mit schnellschwimmenden Fischen, z. B. Barben, Salmlern und Buntbarschen, kann er eingesetzt werden.

Eutropiellus vogerweyeri

Verbreitung: Flußsystem des Niger.

1

2

Biotop: Schnellfließende Flüsse.

Maximale Gesamtlänge: 75 mm.

Nahrung: Insektenlarven. In Aquarien können sie an Flockenfutter und andere Aquariumkost gewöhnt werden.

Ablaichverhalten: Unbekannt. Geschlechtsunterschiede sind nicht bekannt.

Aquariumpflege: Relativ friedlich gegenüber allen Fischen. Diese Welse sind ausgezeichnete Schwarmfische für die mittleren Bereiche der Wasserschicht in großen Gesellschaftsbecken und fühlen sich wohl, wenn sie in einer vernünftig großen Gruppe gepflegt werden.

Diese Art ist in der Literatur als *E. debauwi* bekannt. Eine zweite Art, die aus Zaire importiert wird, sieht ähnlich aus, wird aber von vielen Liebhabern für den echten *Debauwi* gehalten.

Heteroptneustes fossilis

Verbreitung: In Asien weitverbreitet.

Biotop: Tümpel, Teiche, Flüsse und Seen.

Maximale Gesamtlänge: 300 mm.

Nahrung: Insekten, junge Fische und Krebstiere. Im Aquarium fressen die Jungen und die ausgewachsenen Tiere Trokkenfutter (Pellets, Sticks), Garnelen und Regenwürmer.

Ablaichverhalten: Ablaichvorgänge im Aquarium sind bekannt, aber noch nicht beschrieben; jedoch sind Berichte über ihren natürlichen Lebensraum vorhanden. Die Männchen sind schlanker und meistens attraktiver gezeichnet als die Weibchen, manchmal mit gelben Lateralstreifen. Diese lebhaften Welse laichen während der Regenzeit ab, wobei sie die gelblichen Eier in Vertiefungen oder Nester, die vom Paar ausgegraben wurden, abgelegt werden. Die Eltern zeigen Brutpflegeverhalten über die Schlupf- und Freischwimmperiode hinaus.

Aquariumpflege: Eignen sich für eine Vergesellschaftung mit großen Fischen, jedoch nicht für kleinere Fische, da sie sich diesen gegenüber räuberisch verhalten. Nachzuchten dieser Art haben sich als

1. *Heteropneustes fossilis.*
2. *Kryptopterus bicirrhis.*
3. *Leiocassis poecilopterus*, Java/Indonesien.

äußerst anpassungsfähig in Gefangenschaft erwiesen. In Aquarien kann dieser Wels sehr zerstörerisch sein (vgl. *Clarias*) und sind deshalb besser für Systeme geeignet, die ähnlich widerstandsfähige Arten enthalten und über externe Filter versorgt werden. Große Tiere besitzen auffallende Rücken- und Brustflossenstacheln, von denen behauptet wird, daß sie mit einem leichten Gift bewaffnet sind.

Kryptopterus bicirrhis

Verbreitung: Weitverbreitet in Asien.

Biotop: Flüsse mit wenig Strömung und breite Ströme.

Maximale Gesamtlänge: 75 -100 mm.

Nahrung: Allgemeine Larven, nehmen jedoch im Aquarium gerne Trockenfutter an.

Ablaichverhalten: Adulte Männchen sind deutlich kleiner als Weibchen. Diese Welse werden wahrscheinlich auf Farmen im Fernen Osten nachgezogen, jedoch gibt es keine genauen Berichte über ihr Ablaichverhalten.

Aquariumpflege: Sie eignen sich für alle Kleinfischgemeinschaften. Dieser schwarmbildende Wels aus dem offenen Wasser wird in freier Natur in enormen Zahlen angetroffen. Im Aquarium erreichen sie kaum ihre natürliche Größe, da sie unter der Aggression robusterer Arten leiden. Im Gegensatz zu den meisten Welsen ist diese Art tagaktiv.

Leiocassis siamensis

Handelsname: Siamesischer Ringelwels.

Verbreitung: Thailand.

Biotop: Breite Ströme und Bäche.

Maximale Gesamtlänge: 150 mm.

Nahrung: Garnelen, Insektenlarven, Schnecken. Frißt gefrorene Garnelen und Insektenlarven und gewöhnt sich auch an zubereitetes Futter.

Ablaichverhalten: Eierstreuer. Die Männchen sind schlanker im Vergleich mit den hochrückigeren Weibchen.

Aquariumpflege: Junge Tiere kann man relativ gefahrlos mit allgemeinen Gesellschaftsarten halten, aber ausgewachsene Tiere sollten nicht mit kleineren Salmlern oder lebendgebärenden Fischen zusammengebracht werden. Der asiatische Siamesische Ringelwels eignet sich gut zur Vergesellschaftung mit größeren Fischen,

wie größere Guramis, Barben oder andere nicht-räuberische Fische. Die größeren Tiere sind Räuber, die die Nachtstunden darauf verwenden, nach kleinen Fischen zu jagen. Damit sie in Gefangenschaft friedlich leben, sollte man ihnen nachts vielfältiges Futter zukommen lassen. Sie fühlen sich unter allen möglichen Wasserbedingungen wohl und erweisen sich als äußerst widerstands- und anpassungsfähig.

Leiocassis stenomus

Handelsname: Sunda-Stachelwels.
Verbreitung: Südöstliches Thailand und Indonesien.
Biotop: Flüsse und Bäche.
Maximale Gesamtlänge: 100 -125 mm.
Nahrung: Krebstiere und Insektenlarven. Gedeiht bei einer Kost aus gefrorenen Garnelen und Insektenlarven und kann an zubereitetes Futter gewöhnt werden.
Ablaichverhalten: Eierstreuer. Geschlechtsunterschiede wie bei *Leiocassis siamensis*.
Aquariumpflege: Wie für *Leiocassis siamensis*. Diesem Wels begegnet man seltener als *L. siamensis*, und normalerweise findet er nur über Sendungen mit Salz- und Süßwassertieren aus Indonesien seinen Weg in Aquariumgeschäfte. Es ist eine kleinere Art und deshalb für kleine bis mittelgroße Becken geeignet.

Lophiobagrus cyclurus

Handelsname: Tanganjika-Stachelwels.
Verbreitung: Tanganjikasee.
Biotop: Strandkies.
Maximale Gesamtlänge: 100 mm.
Nahrung: Kleine Garnelen, zerteilte Regenwürmer, Insektenlarven und Flockenfutter.
Ablaichverhalten: Ein Paar gräbt ein Loch in den Sand oder Kies unter einem Fels oder in einer Höhle. Sie laichen in dieser Höhle ab, wobei 30 - 40 Eier produziert werden, um die sie sich kümmern, bis die Jungen schlüpfen. Die Jungfische können leicht mit Salzwassergarnelen und Flockenpuder aufgezogen werden.
Aquariumpflege: Eignen sich ausgezeichnet für Gesellschaftsbecken mit Tanganjikabuntbarschen — isoliert sich sehr stark. *Lophiobagrus* produziert einen giftigen Körperschleim, der wahrscheinlich dazu dient, Raubfische fernzuhalten. Es gibt keine Berichte über Probleme mit diesem Wels im Aquarium, und

1. *Leiocassis stenomus.*
2. *Lophiobagrus cyclurus*, Tanganjikasee.
3. *Malapterurus electricus.*
4. *Mystus armatus*, Indien.

ich selbst habe sie ohne jegliche Schwierigkeit mit Tanganjikacichliden zusammen gepflegt. Diese Zwergart ist zwar nicht sehr schön gezeichnet, hat aber einen großartigen Charakter und ist eine angenehme Zugabe zu kleinen bis mittelgroßen Gesellschaftsbecken.

Malapterurus electricus

Handelsname: Zitterwels.

Verbreitung: Weitverbreitet über tropisch Afrika.

Biotop: Flüsse, Seen und Teiche.

Maximale Gesamtlänge: 850 mm.

Nahrung: Fische. Aquariumtiere gewöhnen sich daran, große Regenwürmer, Streifen rohen Fisch und ungeschälte Garnelen zu fressen.

Ablaichverhalten: Die Männchen sind kleiner und schlanker als die Weibchen. Brutpaare scheinen Brutpflege zu betreiben.

Aquariumpflege: In großen Aquarien können sie zusammen mit großen, widerstandsfähigen Buntbarschen gepflegt werden.

Das elektrische Organ liegt in der Flanke und erstreckt sich fast über die gesamte Körperlänge. Der Kopf ist negativ und der Schwanz positiv geladen, und die elektrischen Entladungen, die in den Muskeln gespeichert sind (entsprechend wie elektrische Platten), werden zur Verteidigung oder zur Betäubung der Beute verwendet. Dieser Wels kann eine Reihe Elektroschocks von kurzen Impulsen bis zu massiven 250 V versetzen. Die meisten importierten Tiere sind für öffentliche Aquarien oder zoologische Ausstellungen bestimmt, werden aber dennoch als exotische oder kuriose Welse von Liebhabern mit einer Vorliebe für das Ungewöhnliche gepflegt.

Mystus armatus

Handelsname: Antennen-Stachelwels.

Verbreitung: Indien, Burma, möglicherweise Thailand.

Biotop: Kleine, fließende Ströme und große Flüsse.

Maximale Gesamtlänge: 125 mm.

Nahrung: Larven von Wirbellosen, Krebstierchen. In Gefangenschaft akzeptiert er alles mögliche Fischfutter.

Ablaichverhalten: Der Antennen-Stachelwels war eine der ersten *Mystus*-Arten, die in Gefangenschaft ablaichten. Mehrere Weibchen und ein einziges Männchen, die in ein kühles Süßwasseraquarium mit Pflanzen aber ohne Substrat eingebracht wurden, entwickelten über Nacht eine

wahre Brutorgien. Am frühen Morgen verstreuten die Weibchen einige hundert Eier, von denen mindestens hundert befruchtet waren. Die Entwicklung der Larven verläuft schnell und innerhalb von Tagen sind die Jungen freischwimmend. Die Männchen sind kleiner und schlanker als die Weibchen.

Aquariumpflege: Junge *Mystus* verhalten sich gegenüber Gesellschaftsfischen recht friedlich. Die ausgewachsenen *Mystus* werden jedoch versuchen, kleine Fische zu jagen und aufzufressen, was normalerweise nachts passiert, wenn diese Raubwelse am aktivsten sind. Man kann sie bedenkenlos mit größeren Fischarten, wie Barben, Guramis und Buntbarschen, zusammenbringen.

1

2

Mystus micracanthus

Handelsname: Schulterfleck-Stachelwels.

Verbreitung: Sumatra, Java, Borneo und Thailand.

Biotop: Fließende Flüsse und Ströme.

Maximale Gesamtlänge: 125 mm.

Nahrung: Larven von Wirbellosen und Krebstierchen. In Gefangenschaft akzeptieren sie alle möglichen Fischfuttersorten.

Ablaichverhalten: Wie bei *Mystus armatus*. Die Männchen sind kleiner und schlanker als die Weibchen.

Aquariumpflege: Mit kleinen Fischen zusammen ist er nicht ohne Bedenken zu halten, obwohl er ideal für asiatische Gesellschaftsbecken mit Barben und Guramis geeignet ist. Der Schulterfleck-Stachelwels ist eine der am attraktivsten gefärbten Arten dieser Gattung. Glücklicherweise ist sie, wie alle Arten dieser Gruppe extrem anpassungsfähig und gedeiht unter allen möglichen Wasser- und Temperaturbedingungen.

Mystus nemurus

Handelsname: Asiatischer Rotflossenwels.

Verbreitung: Überall in Asien.

Biotop: Kommt in großen Flüssen und Mündungsgewässern vor.

Maximale Gesamtlänge: 600 mm.

Nahrung: Krebstiere, Fische, Insekten, usw. - nimmt ungeschälte Garnelen, Regenwürmer und Trockenfutterpellets an.

Ablaichverhalten: Unbekannt. Es sind keine Geschlechtsunterschiede bekannt.

Aquariumpflege: Eine aggressive Art, die in der Lage ist, anderen Fischen, vor allem anderen Welsen, die Flossen abzubeißen. Eignet sich nur für sehr große Aquarien mit großen, robusten Buntbarschen oder Barben, usw.. Diese Art sollte nicht mit ähnlichen Welsen oder verletzlichen Fischen zusammengebracht werden, da es eine Raubfischart ist.

Der Asiatische Rotflossenwels wird durch Sendungen aus Thailand importiert. Es wurde über mehrere Farbmorphen berichtet, und die Farbe der Schwanzflosse variiert zwischen rot, orange und gelb, je nachdem, aus welchem Flußsystem die Tiere stammen.

Mystus vittatus

Handelsname: Indischer Streifenwels, Kobaltwels.

Verbreitung: Über tropisch Asien.

Biotop: Bäche und Flüsse.

Maximale Gesamtlänge: 125 -150 mm.

Nahrung: Larven von Wirbellosen und kleine Krebstiere. Nimmt in Gefangenschaft alle möglichen Fischfuttersorten an.

Ablaichverhalten: Eierstreuer. Die Männchen sind kleiner und schlanker als die Weibchen.

Aquariumpflege: Verhalten sich gegenüber kleineren Fischen räuberisch, eignen sich aber für eine Vergesellschaftung mit größeren

1. *Mystus micracanthus*, Thailand.
2. *Mystus nemurus*, Malaisia.
3. *Mystus*-Arten aus der '*Vittatus*' Gruppe sind auffallend ähnlich gemustert.
4. *Mystus tengara* wird leicht mit *Mystus vittatus* verwechselt.

1. *Mystus wyckii*, Thailand.
2. *Pangasius sutchi*, Albino, Thailand.
3. *Parauchenoglanis macrostoma*, Zaire.
4 und 5. *Parauchenoglanis*-Art.

Buntbarschen oder Barben.

Zwar hielt man diese Art für die bekannteste unter den asiatischen Welsen, dennoch bestand über ihre wahre Identität jahrelang Verwirrung. Sie wurde vom verstorbenen Dr. Franke zum erstenmal im Aquarium zum Ablaichen gebracht. Er berichtete, daß mehrere tausend Eier bei einem einzigen Laichgang produziert wurden, von denen nach mehreren Tagen ein hoher Prozentsatz schlüpfte.

Mystus wyckii

Verbreitung: Thailand, Sumatra und Java.
Biotop: Große Flüsse und Mündungsgewässer.
Maximale Gesamtlänge: 600 - 750 mm.
Nahrung: Lebende Fische, Garnelen und Regenwürmer.
Ablaichverhalten: Unbekannt. Es sind keine Geschlechtsunterschiede bekannt.
Aquariumpflege: Ein einzelgängerischer Räuber, der sich für keine Gesellschaftsbecken eignet. Man kennt ihn als den aggressivsten Wels in Gefangenschaft.

Diesem Wels werden, nach Aussage von Thaifischern, die ihn Plakokao nennen, mystische Qualitäten zugeschrieben. Forschungsergebnisse besagen, daß er in thailändischen Gewässern sehr selten ist. Die Aquariumexemplare wurden aus den größten Gezeitenflüssen gefangen.

Pangasius sutchi

Handelsname: Haiwels.
Verbreitung: Thailand.
Biotop: Große Flüsse.
Maximale Gesamtlänge: 450 mm.
Nahrung: In freier Natur frißt diese Art Früchte und Pflanzen, Insektenlarven, Garnelen und verschiedene andere Krebstiere. In Gefangenschaft nimmt sie viele Futtersorten an, einschließlich Regenwürmer, Futterstäbchen und Garnelen.
Ablaichverhalten: Eierstreuer. Die Männchen haben wahrscheinlich dunklere Streifen und sind schlanker als die Weibchen.
Aquariumpflege: Ideal für ein längliches Gesellschaftsbecken, sollte aber in Gruppen gepflegt werden. Diese Welse - auch als Albinos erhältlich - werden normalerweise in Aquarien als Einzeltiere gepflegt, was jedoch Streß bei ihnen auslöst. Es ist bekannt, daß sie in den größeren Flüssen, vor allem in Bereichen mit Strömung, in

3

4

5

Schwärmen leben. Sie können im Becken leicht erschreckt werden und als Folge davon sich großen Schaden zufügen, wenn sie ans Deckglas oder an die Beckenseite stoßen. Dieser Wels eignet sich am besten für extrem große Aquarien.

Parauchenoglanis macrostoma

Verbreitung: Westafrika.
Biotop: Kleine Bäche und Flüsse.
Maximale Gesamtlänge: 200 mm.
Nahrung: Larven von Wirbellosen, Krebstiere. Im Aquarium nimmt er viele Fischfuttersorten an.
Ablaichverhalten: Unbekannt. Es sind keine Geschlechtsunterschiede bekannt.
Aquariumpflege: Wegen seiner räuberischen Natur eignet sich diese Art nicht zur Vergesellschaftung mit sehr kleinen Fischen. Dieser Zwergwels sollte einzeln oder gruppenweise in sehr großen Aquarien eingesetzt werden, da die Tiere aggressiv ein Revier verteidigen. Gefangene Tiere können recht aktiv sein, und als solche sind sie eine ideale Gesellschafter für eine gemischte Gemeinschaft großer Fische. Ein idealer Abfallfresser in Buntbarschbecken mit 75 - 100 mm langen Fischen.

Wallago attu

Handelsname: Hubschrauber-Wels.
Verbreitung: Süd- und Südostasien, Indien, Pakistan.
Biotop: Frischwasser, Gezeitenflüsse in Indien und Pakistan.
Maximale Gesamtlänge: Bis zu 1,8 m.
Nahrung: Fische und Krebstiere.
Ablaichverhalten: Unbekannt. Keine Geschlechtsunterschiede bekannt.
Aquariumpflege: Verhalten sich gegenüber kleinen Fischen räuberisch; eignen sich für die Einzelpflege oder die Vergesellschaftung mit großen, robusten Fischen. Dieser Wels wird gelegentlich zusammen mit anderen malaiischen Welsen importiert, obwohl er sich nicht für ein Leben in Gefangenschaft eignet. Wie die meisten Welsarten ist auch diese räuberische Art extrem nachtaktiv, und sogar Jungtiere werden in der Dunkelheit andere Fische verspeisen.

Brachysynodontis batensoda

Verbreitung: Weitverbreitet in den Flußsystemen des Nil, Niger und Volta in Afrika.

Biotop: Große Flüsse.

Maximale Gesamtlänge: 200 - 250 mm.

Nahrung: Pflanzen und Plankton auf der Wasseroberfläche; in Gefangenschaft gewöhnt er sich an die meisten zubereiteten Fischfuttersorten.

Ablaichverhalten: Ausgewachsene Weibchen sind größer und hochrückiger als die Männchen.

Aquariumpflege: Relativ friedlich in Gesellschaft mit großen Fischen. *Brachysynodontis,* eine echte Rükkenschwimmerart, zog schon die Aufmerksamkeit der alten Ägypter auf sich und wird in Hieroglyphen von Königsgräbern dargestellt und beschrieben. Dieser Wels ist bei den Aquarianern beliebt, die gerne eine große Art in einem geräumigen Gesellschaftsbecken pflegen möchten. Diesem Wels fehlen die spezialisierten Barteln von *Hemisynodontis*, jedoch hat er die charakteristische Fettflosse, die ihm Stabilität verleiht, wenn er sich umdreht, um an der Wasseroberfläche zu fressen.

Familie: MOCHOKIDAE

Die Familie Mochokidae (*Synodontis, Hemisynodontis, Brachysynodontis, Mochokiella, Chiloglanis,* usw.) umfaßt angeblich die weitverbreitesten und erfolgreichsten Welse Afrikas. Sie bewohnen bekanntlich alle möglichen Biotope, einschließlich Seen, Stromschnellen und kleine Regenwaldströme, was wahrscheinlich erklärt, warum sie sich äußerst gut an ein Leben in Gefangenschaft anpassen können. *Synodontis,* die Gattung mit den meisten Arten, ist vom Aussehen her mit den Dornwelsen (*Doradidae*) und den Falschen Dornwelsen (*Auchenipteridae)* aus Südamerika vergleichbar.

1. *Wallago attu.*
2. *Brachysynodontis batensoda*, schwimmt nicht auf dem Rücken.
3. *B. batensoda*, Paar.
4 und 5. *Chiloglanis cameronensis*, Kamerun (Bauch- und Seitenansicht).
6 und 7. *Euchilichthys guentheri*, Zaire (Bauch- und Seitenansicht).

4

5

Chiloglanis cameronensis

Handelsname: Stromschnellenwels.
Verbreitung: Tropisches Afrika.
Biotop: Schnellfließende Ströme.
Maximale Gesamtlänge: 75 mm.
Nahrung: Insektenlarven.
Ablaichverhalten: Die Männchen haben längere Bruststacheln als die Weibchen.
Aquariumpflege: Sollte in mittelgroßen Gesellschaftsaquarien gepflegt werden. Dieser Fiederbartwels wird in Gefangenschaft nur überleben, wenn er in einem stabilen System mit klarem, neutralem, sauerstoffreichen Wasser leben kann.

Der flache Körper und das gutentwickelte Maul ermöglichen es diesem kleinen Wels erfolgreich in und um Felssubstrat in klaren, schnellfließenden Strömen, vor allem in Abschnitten mit Stromschnellen, zu leben. Die Stacheln der Rücken- und Brustflossen sind nadelspitz, so daß man sich an ihnen bei unsachgemäßem Handhaben, sehr verletzen kann. *Chiloglanis* scheint eine Schleimflüssigkeit zu produzieren, die irritierend wirkt oder antikoagulierend bei Wunden.

Euchilichthys guentheri

Verbreitung: Zairefluß.
Biotop: Schnellfließende Ströme.
Maximale Gesamtlänge: 100 mm.
Nahrung: Insektenlarven, Algen und kleine Krebstiere.
Ablaichverhalten: Unbekannt. Auch Geschlechtsunterschiede sind nicht bekannt.
Aquariumpflege: Dieser Wels ist gegenüber Artgenossen extrem territorial. Eine interessante Art, die sich für die meisten Gesellschaftsbecken eignet. Alle afrikanischen Fiederbartwelse sind schwer in Gefangenschaft zu pflegen, da sie in schnellfließenden und sehr sauerstoffreichen Biotopen leben. Im Aquarium wirken sie bei niedrigen pH-Werten (7,0 - 7,5 ist ideal) oder in Wasser mit vielen organischen Bestandteilen, die den Sauerstoff

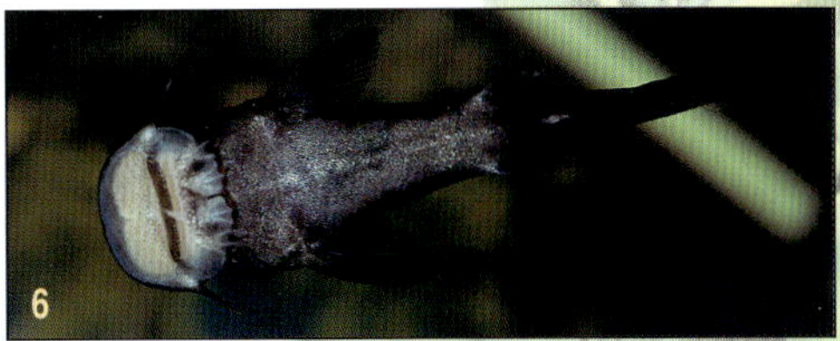

6

7

aufbrauchen, gestreßt. Sie können auch leicht verhungern, wenn sie die falsche Kost erhalten. Gefrorene Larven, feingeschnittene Garnelen, Regenwürmer und *Daphnia* helfen diesen Welsen in Gefangenschaft zu überleben.

Euchilichthys kann leicht für den Riesen-*Chiloglanis* gehalten werden, dem er auffallend ähnlich ist. Er hat jedoch einen längeren Kopf, dichter sitzende Nasenlöcher und einen freien Augenrand.

Hemisynodontis membranaceus

Handelsname: Membran-Fiederbartwels.

Verbreitung: Zentral- und Ostafrika.

Biotop: Große Flüsse.

Maximale Gesamtlänge: 300 mm.

Nahrung: Phyto- und Zooplankton; sie nehmen fast alle Fischfuttersorten an.

Ablaichverhalten: Ausgewachsene Weibchen sind viel größer und hochrückiger als die Männchen.

Aquariumpflege: Verhalten sich gegenüber allen Fischen relativ friedlich. Zwar sind sie in Gefangenschaft sehr selten zu finden, aber sie passen sich recht leicht an alle möglichen Wasserbedingungen und Gesellschaften großer Fische an.

Hemisynodontis ist wegen seiner breiten Barteln eine der charakteristischsten Arten im Niger. Diese Barteln dienen dazu, Zoo- und Phytoplankton ins Maul zu leiten. Sehr feine Kiemen- oder Bronchialborsten dienen als Filter, um noch selbst die kleinsten Futterpartikel aus dem Wasser zu filtern.

1, 2, und 3. *Hemisynodontis membranaceus.*
4. *Mochokiella paynei.*
5. *Synodontis afrofischeri.*

Mochokiella paynei

Handelsname: Payne's Fiederbartwels.

Verbreitung: Westafrika.

Biotop: Langsamfließende Bäche und Ströme.

Maximale Gesamtlänge: 75 mm.

Nahrung: Larven und Krebstiere; im Aquarium alle möglichen Fischfuttersorten.

Ablaichverhalten: Eierstreuer. Die Weibchen sind rundlicher als die Männchen.

Aquariumpflege: Ein idealer Gesellschaftswels. Sie haben sich in Gefangenschaft als äußerst anpassungsfähig erwiesen und gedeihen in kleinen bis mittelgroßen Becken unter allen möglichen Bedingungen.

Dieser hübsche Zwergwels wurde von Dr. Payne in einem Regenwaldbach entdeckt und ist seither bei den Aquarianern sehr beliebt. Die verzweigten Barteln sind ein charakteristisches Merkmal, obwohl sie, oberflächlich betrachtet, denen der nahe verwandten *Synodontis spp.* gleichen.

Synodontis afrofischeri

Handelsname: Fischer's Wels.
Verbreitung: Viktoriasee, Nilbecken.
Biotop: Seeufer und Zuflüsse.
Maximale Gesamtlänge: 125 -150 mm.
Nahrung: In freier Natur ernähren sich alle *Synodontis*-Arten von Wirbellosen, kleinen Fischen und Krebstieren. In Gefangenschaft nehmen sie Flockenfutter, zerkleinerte Garnelen und Tablettenfutter an.
Ablaichverhalten: Adulte Männchen sind kleiner als die Weibchen. Aus einer Studie dieser Art im Viktoriasee geht hervor, daß sie schon bei 75 mm geschlechtsreif wird, und ein hoher Prozentsatz der Weibchen trägt ständig Eier. Ablaichmaxima liegen im Januar und August/September in der Vor- und Nachregenzeit. Wahrscheinlich sind diese Ablaichmaximal Teil einer Fortpflanzungsstrategie, die dazu dient, die Fortpflanzungsaktivität mit der Zunahme an Futter und bevorzugten Laich- und Brutstellen vor oder nach dem Regen, der zwischen März und Juni und Oktober bis November auftritt, zu synchronisieren. Ausgewachsene Weibchen produzieren zwischen 200 und 15.000 Eiern.
Aquariumpflege: Diese Art gewöhnt sich an jede Wasserchemie (sauer bis alkalisch) und verschiedene Temperaturen und kann als gute Gesellschaftsart angesehen werden.

Synodontis alberti

Verbreitung: Zairefluß.
Biotop: Fließende Sekundärflüsse.
Maximale Gesamtlänge: 150 mm.
Nahrung: Wirbellose, kleine Fische und Krebstiere. Frißt in Gefangenschaft Flockenfutter, gemahlene Garnelen und Tablettenfutter.
Ablaichverhalten: Die ausgewachsenen Männchen sind kleiner als die Weibchen und haben ein attraktives Punktmuster, während die größeren und robusteren Weibchen dieses Muster verlieren, wenn ihr Körper schließlich zu einem Lichtgrau verblaßt.
Aquariumpflege: Ein ausgezeichneter Gesellschaftswels, der sich für fast jedes tropische System eignet. Diese friedliche Art ist leicht an ihren auffallend wedelnden

Barteln zu erkennen. Als einer der kleineren *Synodontis* kann dieser Wels in fast alle Gesellschaftsbecken eingebracht werden. Die Jungen zeigen einen besonders attraktiven, silbrigen Körper, der mit großen Flecken verziert ist.

Synodontis angelicus

Handelsname: Perlhuhnwels.
Verbreitung: Flußsystem des Zaire.
Biotop: Große Flüsse und Teiche.
Maximale Gesamtlänge: 200 mm.
Nahrung: Wirbellose, kleine Fische und Krebstiere. In Gefangenschaft fressen sie auch Flockenfutter,

2

3

gemahlene Garnelen und Tablettenfutter.
Ablaichverhalten: Werden kommerzielle durch Hormonbehandlung zum Ablaichen gebracht. Die Weibchen sind größer und widerstandsfähiger und entwickeln mit der Geschlechtsreife eine graubraune Körperfarbe, und die weiße Zeichnung verblaßt. Die Männchen sind etwas kleiner, schlanker und behalten als ausgewachsene Tiere einige der weißen Flecke bei.
Aquariumpflege: Halbwüchsige Tiere sind äußerst territorial. Können zusammen mit kleinen Gesellschaftsfischen gepflegt werden.

Dieser Wels ist seit Jahren bei den Aquarianern beliebt. Der schwarze Körper, übersät mit gelben und weißen Punkten, bietet ein sehr hübsches Muster - was bei Welsen selten der Fall ist. Verschiedene Populationen haben unterschiedliche Muster. Eine Farbmorphe mit Streifen, Bändern und Punkten wurde früher für eine Unterart von *S. angelicus zonatus* gehalten.

1. *Synodontis alberti*, Zaire.
2 und 3. *Synodontis angelicus*, Zaire.
4. *Synodontis aterrimus*.
5 und 6. *Synodontis brichardi*, Zaire.

Synodontis aterrimus

Verbreitung: Zaire.

Biotop: Kleine Flüsse.

Maximale Gesamtlänge: 100 mm.

Nahrung: Wirbellose, kleine Fische und Krebstiere. Man kann sie mit Flocken- oder Tablettenfutter und gemahlenen Garnelen füttern.

Ablaichverhalten: Die ausgewachsenen Männchen sind kleiner als die Weibchen.

Aquariumpflege: Ein idealer Wels für kleine Gesellschaftsbecken.

Diese Zwergart kann leicht mit *Synodontis nigriventris*, den Aquarianern gut als Rückenschwimmender Kongowels bekannt, verwechselt werden. Jedoch ist die letztgenannte Art etwas kleiner als *Synodontis aterrimus*. Beide Arten sind echte Rückenschwimmer und besitzen dunkle Bauchflächen als effektive Tarnung. *Synodontis*-Arten, die die meiste Zeit auf dem Rücken schwimmen, fressen normalerweise schlüpfende Insektenlarven an der Wasseroberfläche.

Synodontis brichardi

Handelsname: Brichards Fiederbartwels.

Verbreitung: Zaire.

Biotop: Stromschnellen.

Maximale Gesamtlänge: 125 -150 mm.

Nahrung: Wirbellose, kleine Fische und Krebstiere. In Gefangenschaft nehme sie Flocken- und Tablettenfutter an, sowie gemahlene Garnelen.

Ablaichverhalten: Adulte Männchen sind kleiner als die Weibchen.

Aquariumpflege: Gegenüber anderen Arten sehr friedlich. Ist manchmal sogar Angriffsziel aggressiver Arten. Brichards Fiederbartwels gedeiht in Süßwassersystemen bei einem pH von 6,9 - 7,5 und einem hohen Sauerstoffgehalt. Aquariumtiere akzeptieren Erbsen, zerkleinerte Spinatblätter, ein Hinweis dafür, daß ihre Nahrung einer "grünen Grundlage" bedarf.

Seit Brichards Fiederbartwels regelmäßig mit *Synodontis decorus* importiert wurde, war er gleich bei den Aquarianern äußerst beliebt. Sein stromlinienförmiger Körper, charakteristisch für diese Gruppe, bestätigt,

daß es sich um eine schnellschwimmende Art handelt.

Synodontis camelopardalis

Handelsname: Leopard-Fiederbartwels.
Verbreitung: Zairebecken.
Biotop: Flüsse und Teiche.
Maximale Gesamtlänge: 150 mm.
Nahrung: Wirbellose, kleine Fische und Krebstiere. In Gefangenschaft nehmen sie Flocken- und Tablettenfutter an, aber auch gemahlene Garnelen.
Ablaichverhalten: Die ausgewachsenen Männchen sind kleiner als die Weibchen.
Aquariumpflege: Sie verhalten sich den meisten anderen Fischen gegenüber recht friedlich und eignen sich gut für mittelgroße Gesellschaftsbecken.

Es ist eine der seltenen *Synodontis*-Arten in Exporten aus dem Kongobecken. Das leopardenähnliche Fleckenmuster ist dem *Synodontis alberti* ähnlich, obwohl *Synodontis camelopardalis* ein viel schlankerer Wels ist. Wie bei den meisten *Synodontis*-Arten verschwindet das kräftige Jungendmuster sobald der Fisch heranreift, jedoch ist dies eine der schönsten der weniger bekannten Arten. *Synodontis camelopardalis* wird auch mit *Synodontis caudalis* verwechselt, wird aber größer als diese, ist robuster und trägt Schwanzverlängerungen.

1

Synodontis caudalis

Verbreitung: Zairebecken.
Biotop: Flüsse und Teiche.
Maximale Gesamtlänge: 200 mm.
Nahrung: Wirbellose, kleine Fische und Krebstiere. In Gefangenschaft nehmen sie auch Flocken- oder Tablettenfutter an, sowie gemahlene Garnelen.
Ablaichverhalten: Ausgewachsene Männchen sind kleiner als Weibchen.
Aquariumpflege: Verhalten sich gegenüber Gesellschaftsfischen friedlich, obwohl sie gegenüber anderen *Synodontis*-Arten territorial auftreten können. Diese Art gedeiht bei neutralem bis alkalischem, hellem und sauerstoffreichem Wasser.

2

Dieser Wels trägt eine charakteristische Verlängerung an der Schwanzflosse. Seine Körperzeichnung und -form gleichen *Synodontis camelopardalis*, der in derselben Gegend gefangen wird, jedoch wird er größer als dieser und hat ein dunkleres, fast netzartiges Muster.

1. *Synodontis camelopardalis*, Zaire.
2. *Synodontis caudalis*, Zaire.
3. *Synodontis clarias*, Niger.
4. *Synodontis decorus*, Zaire.

Synodontis clarias

Handelsname: Rotflossen Fiederbartwels.
Verbreitung: West- und Zentralafrika.
Biotop: Große Flüsse.
Maximale Gesamtlänge: 200 mm.
Nahrung: Wirbellose, kleine Fische und Krebstiere. In Gefangenschaft fressen sie auch Flocken- oder Tablettenfutter und gemahlene Garnelen.
Ablaichverhalten: Die ausgewachsenen Männchen sind kleiner als die Weibchen. Die Männchen besitzen einen gerade ausgerichteten Bruststachel - ein Kiemenstachel, der an beiden Seiten des Kopfes sitzt.
Aquariumpflege: Eine robuste, territoriale Art, die sich aber mit ähnlich großen Fischen verträgt.

Der Rotflossen-Fiederbartwels ist von den hundert Arten die erste, die wissenschaftlich beschrieben wurde. Sie war im Aquariumhandel lange recht selten, bis sie seit einiger Zeit aus dem Nigerbecken exportiert wurde. Die charakteristisch verzweigten Barteln werden dazu benutzt, Nahrung aufzuspüren. Diese Art paßt sich an alle möglichen Wasserbedingungen und Temperaturen an.

Synodontis decorus

Verbreitung: Zaire.
Biotop: Flüsse und Teiche.
Maximale Gesamtlänge: 300 mm.
Nahrung: Wirbellose, kleine Fische und Krebstiere. Nimmt Flocken- und Tablettenfutter und gemahlene Garnelen an.
Ablaichverhalten: Die ausgewachsenen Männchen sind kleiner als die Weibchen und haben ein dunkleres Muster.
Aquariumpflege: Jungtiere sind friedlich, jedoch können halbwüchsige Tiere sich in kleinen Gesellschaftsbecken als sehr zerstörerisch erweisen.

Dieser Wels ist der beliebteste von allen afrikanischen Welsen, weil er eine attraktive Zeichnung auf dem Körper und den Flossen trägt und sehr widerstandsfähig ist. Große Tiere entwickeln eine fahnenförmige Verlängerung an der Rückenflosse, die manchmal bis zur Schwanzflosse reicht. Die ausgewachsenen Tiere sind weniger aktiv als die Jungfische und ziehen sich tagsüber sehr gerne zurück.

1. *Synodontis dhonti*, Niger.
2. *Synodontis eupterus*, Niger.
3 und 4. *Synodontis polli*, Tanganjikasee.

Synodontis dhonti

Verbreitung: Tanganjikasee.
Biotop: Sandufer.
Maximale Gesamtlänge: 400 mm.
Nahrung: Krebstiere und Insektenlarven, nimmt aber auch Fischfutter an.
Ablaichverhalten: Unbekannt; benötigt alkalisches Wasser. Die Weibchen sind größer und robuster als die Männchen.
Aquariumpflege: Territorial gegenüber anderen *Synodontis*-Arten, jedoch relativ friedlich zwischen Grabenseebuntbarschen.

Informationen über seine Verträglichkeit im Aquarium beruhen auf der Annahme, daß sich diese Art ähnlich wie die anderen *Synodontis*-Arten verhält, die im Tanganjikasee vorkommen. Eine ganze Reihe der Tanganjika-Arten sind beinahe identisch wie die jungen *Synodontis dhonti* gezeichnet, jedoch verliert dieser sein Farbmuster im Erwachsenenalter und wird einfarbig grau. Seine Jungendfärbung gleicht *Synodontis multipunctatus*, der im Tanganjikasee am häufigsten vorkommenden Art, die aber nur halb so groß wird.

Synodontis eupterus

Handelsname: Schmuckflossen-Fiederbartwels.
Verbreitung: Flußsystem des Niger.
Biotop: Große Flüsse und Ströme.
Maximale Gesamtlänge: 150 - 200 mm.
Nahrung: Wirbellose, kleine Fische und Krebstiere. Sie nehmen auch Flocken- und Tablettenfutter an, sowie gemahlene Garnelen.
Ablaichverhalten: Die ausgewachsenen Männchen sind kleiner als die Weibchen.
Aquariumpflege: Eine friedliche Art, die sich ideal für die meisten mittelgroßen bis großen Gesellschaftsbecken eignet. Die angenehm gemusterte Art paßt gut in Gemeinschaften großer Fische, in denen sie die Futterreste der anderen Fische aufsammeln wird.

Dieser Fiederbartwels, der jetzt kommerziell auf Farmen gezüchtet wird, gleicht sehr *Synodontis nigrita*. Der letztgenannten Art fehlt die charakteristische Rückenflossenverlängerung, obwohl junge *Synodontis eupterus* diese auch nicht zeigen. Junge Tiere erkennt man aber an der hohen, breitbasigen Fettflosse.

Synodontis polli

Handelsname: Poll´s Fiederbartwels.
Verbreitung: Tanganjikasee.
Biotop: Felsküsten.
Maximale Gesamtlänge: 150 mm.
Nahrung: Krebstiere, Schnecken und Algen; nimmt die meisten Fischfuttersorten an.
Ablaichverhalten: Unbekannt; benötigt alkalisches Wasser. Die Weibchen werden 150 mm lang, die Männchen dagegen nur 125 mm.
Aquariumpflege: Friedlich, aber nicht gegenüber der eigenen oder einer ihr ähnlichen Art.

Das dunkle Leopardenmuster dieser Art bedeutet, daß sie bei den Welsliebhabern sehr gefragt ist. Sie wird zusammen mit *Synodontis petricola* gefangen, die mit 100 mm ausgewachsen ist und mit der sie oft verwechselt wird. Beide Arten haben sich auf Schneckenfressen spezialisiert, obwohl sie im Aquarium alle Sorten gefrorenes und zubereitetes Futter akzeptieren.

3

4

Synodontis filamentosus

Handelsname: Langflossen-Fiederbartwels.
Verbreitung: Nil, Niger und das Flußsystem des Volta.
Biotop: Große, fließende Flüsse.
Maximale Gesamtlänge: 200 - 230 mm.
Nahrung: Wirbellose, kleine Fische und Krebstiere. In Gefangenschaft nehmen sie Flocken- und Tablettenfutter an, sowie gemahlene Garnelen.
Ablaichverhalten: Die adulten Männchen sind kleiner als die Weibchen.
Aquariumpflege: Eine aggressive Art, die sich nur für Becken mit großen Fischen eignet. Sie verhält sich anderen *Synodontis* gegenüber stürmisch, vor allem aber gegenüber der eigenen Art. Dieser Wels ist extrem robust und anpassungsfähig und deshalb ideal für eine Vergesellschaftung mit großen Fischen.

Eine lange, robuste Art, die in Fischfängen im Niger auftaucht. Der Streifen in der Schwanzflosse und die Verlängerung der Rückenflosse helfen bei der Identifizierung, da die Körperzeichnung sehr variabel sein kann.

Synodontis flavitaeniatus

Handelsname: Gelbbinden-Fliederbartwels.
Verbreitung: Zaire.
Biotop: Flüsse und Teiche.
Maximale Gesamtlänge: 200 mm.
Nahrung: Wirbellose, kleine Fische und Krebstiere. Nimmt gerne Flocken- und Tablettenfutter an, sowie gemahlene Garnelen.

1. *Synodontis filamentosus.*
2. *Synondontis flavitaeniatus*, Zaire.
3 und 4. *Synodontis greshoffi*, Zaire (Normal- und Albinoform).
5. *Synodontis koensis*, Westafrika.

Ablaichverhalten: Die ausgewachsenen Männchen sind kleiner als die Weibchen.

Aquariumpflege: Sind gegenüber den meisten Fischen friedlich, obwohl sie bei Artgenossen Revieraggression zeigen können.

Die Jungtiere zeigen ein einzigartiges, auffallendes Farbmuster aus horizontalen, gelben und braunen Streifen. Diese Art war einmal bei den Liebhabern sehr gefragt, wird aber seit kurzem kommerziell gezüchtet und nachgezogen. Wie die meisten Arten dieser Gattung ist sie für ihre Langlebigkeit in Gefangenschaft geschätzt.

Synodontis greshoffi

Handelsname: Greshoff's Fiederbartwels.

Verbreitung: Zaire.

Biotop: Flüsse und Teiche.

Maximale Gesamtlänge: 200 mm.

Nahrung: Diese Art ist ein typischer opportunistischer Fresser und akzeptiert zubereitetes Futter, Flocken, Pellets, Futterstäbchen und -tabletten. Diese "Trockenkost" sollte mit gefrorenen Insektenlarven und Krebstieren angereichert werden.

Ablaichverhalten: Unbekannt. Es sind keine Geschlechtsunterschiede bekannt.

Aquariumpflege: Ein idealer Gesellschaftsfisch.

Greshoff's Fiederbartwels ist leicht mit anderen *Synodontis*-Arten zu verwechseln, obwohl seine großen Augen, der hochrückige Körper und die große Fettflosse charakteristische, äußere Merkmale sind. Die langen Kieferbarteln dienen der Identifizierung der Art. Wenn sie nicht nach vorne zeigen (wenn der Wels auf Futtersuche ist), liegen sie dem Körper an und reichen bis zu den Bauchflossen.

Synodontis koensis

Verbreitung: Elfenbeinküste.

Biotop: Kleine Flüsse und Regenwaldströme.

Maximale Gesamtlänge: 100 -150 mm.

Nahrung: Insektenlarven, Landinsekten, Krebstiere und allgemeinen pflanzlichen und tierischen Abfall. Geeignetes Fischfutter kann diese natürliche Kost ersetzen.

Ablaichverhalten: Unbekannt. Die Männchen tragen spitzere Bruststacheln, ein dunkleres Farbmuster und größere Fettflossen als die Weibchen.

Aquariumpflege: Eine kleine, friedliche Art. In Aquarien erweist sich diese Art als sehr friedlich und anpassungsfähig an verschiedene Wasserbedingugen, weshalb es eine begehrte Welsart für Gesellschaftsaquarien ist.

Die Männchen und Weibchen dieser Art zeigen bekanntlich variable Farbmuster in den verschiedenen Populationen. Sie ähnelt sehr einer anderen westafrikanischen Art: *Synodontis tourei.*

3

4

Synodontis multipunctatus

Handelsname: Vielpunkt-Fiederbartwels.

Verbreitung: Tanganjikasee.

Biotop: Fels- und Sandküsten.

Maximale Gesamtlänge: Männchen 200 mm, Weibchen 280 mm.

Nahrung: Hauptbestandteil seiner Nahrung sind sicherlich Schnekken (was für die meisten der genannten Grabenseearten gilt), weshalb man diesen Teil seiner Kost in Gefangenschaft nicht vergessen sollte. Krebstiere, Algen und Insektenlarven werden ebenfalls angenommen, aber auch Tablettenfutter, Garnelen und zerkleinerte Regenwürmer.

Ablaichverhalten: Zwischen diesem Wels und maulbrütenden Buntbarschen besteht eine Art Kuckucks-Verhältnis, was dazu führte, daß Jungfische im Aquarium aufgezogen werden konnten. Während die Buntbarsche ablaichen, schwimmen diese Welse zwischen das Paar, fressen einige der Eier auf und ersetzen sie durch eigene. Obwohl die Welseier weniger als halb so groß wie die Buntbarscheier (3-4 mm) sind, scheinen die Weibchen sie für ihre eigenen zu halten. Die Aquarianer fanden heraus, daß die Welsjungen schneller schlüpfen und dann die Buntbarschjungen auffressen. Deshalb produzieren Weibchen, die Welsjunge zusammen mit ihren

eigenen Jungen aufziehen, weniger eigene Nachkommen.

Aquariumpflege: Eignet sich perfekt für Gesellschaftsbecken mit Grabenseebuntbarschen. Sind im allgemeinen friedlich, können aber gegenüber Artgenossen Revieraggression zeigen. Im See bilden sie große Schwärme aus. *Synodontis multipunctatus* gedeiht in alkalischem Wasser (pH 7,5 - 8,2) in Becken mit viel Felsdekoration und Buntbarschen aus dem Tanganjika- und dem Malawisee. Zwei Tiere in einem Becken werden sich ständig gegenseitig in Revierstreitigkeiten verwickeln, weshalb man diese Art in Gruppen halten sollte.

Als beliebter Exportfisch aus dem burundischen Abschnitt des Tanganjikasees ist *Synodontis multipunctatus* zweifellos einer der attraktivsten Welse, der den Aquarianern zugänglich ist. Er wird oft mit *Synodontis petricola* verwechselt, der aber kleiner ist und mit *Synodontis polli*, der ebenfalls kleiner, aber dunkler gezeichnet ist, sowie mit *Synodontis dhonti*, der größer wird und beim Heranreifen seine schönen Flecke und Streifen auf dem Körper verliert.

1. *Synodontis multipunctatus*, Tanganjikasee.
2 und 3. *Synodontis nigrita*, Niger (Normal- und Albinoform).
4. *Synodontis nigriventris*.

Synodontis nigrita

Handelsname: Schwarzer Fiederbartwels.

Verbreitung: West- und Zentralafrika.

Biotop: Weitverbreitet in Flüssen.

Maximale Gesamtlänge: 200 mm.

Nahrung: Wirbellose, kleine Fische und Krebstiere. Fressen Flocken- und Tablettenfutter und gemahlene Garnelen.

Ablaichverhalten: Die ausgewachsenen Männchen sind kleiner als die Weibchen.

Aquariumpflege: Werden beim Heranwachsen etwas stürmisch; eignen sich eher für mittel- bis ganz große Becken. Dieser allgemein erhältliche Wels akzeptiert alle möglichen Wasserbedingungen und eignet sich ideal für Gesellschaftsbecken mit ähnlich robusten Arten.

Bei einer Größe von 50 mm wird *Synodontis nigrita* häufig mit *Synodontis nigriventris* verwechselt. Letztgenannte Art ist ein echter rückenschwimmender Zwergwels und erreicht im Erwachsenenalter nur halb die Größe von *Synodontis nigrita*.

3

Synodontis nigriventris

Handelsname: Rückenschwimmender-Kongowels.

Verbreitung: Flußsysteme des Zaire und Niger.

Biotop: In Strömen und Nebenflüssen mit fließendem Wasser.

Maximale Gesamtlänge: 100 mm.

Nahrung: Wirbellose, kleine Fische und Krebstiere. Nehmen in Gefangenschaft Flocken- und Tablettenfutter an, sowie gemahlene Garnelen.

Ablaichverhalten: Brutvorgänge im Aquarium sind bekannt, jedoch sind Berichte darüber nicht aufschlußreich. Es wird berichtet, daß die Elterntiere in einer Mulde im Kies ablaichen und Brutpflege betreiben. Die Weibchen sind größer und hochrückiger als die Männchen.

Aquariumpflege: Ein idealer, kleiner Aquariumwels für fast alle Becken. Gruppen werden sich in Gefangenschaft wohlfühlen, wenn sie schwimmende Rinde und Wasserpflanzen vorfinden, unter denen sie sich verstecken können.

Der Rückenschwimmende Kongowels ist einer der beliebtesten Welse und wird seit Jahren in riesigen Stückzahlen in die USA und nach Europa importiert. Es sind friedliche Schwarmfische, was sie zu perfekten Gesellschaftern für ruhige Aquariumbewohner macht. Sie werden gegeneinander Revieraggression zeigen, was jedoch weniger stark ausgeprägt ist, wenn sie in Schulen gehalten werden. Als echte Rückenschwimmer fressen sie in freier Natur Insekten von der Wasseroberfläche und haben zur Tarnung einen dunklen Bauch. (Bei normal orientierten Fischen ist es umgekehrt, denn bei ihnen ist die obere oder dorsale Fläche normalerweise dunkler gefärbt als die Unterseite oder ventrale Fläche.)

Synodontis njassae

Handelsname: Malawi-Fiederbartwels.

Verbreitung: Malawisee.

Biotop: Sandufer.

Maximale Gesamtlänge: 150 mm.

Nahrung: Krebstiere; nehmen aber jedes Fischfutter an.

Ablaichverhalten: Unbekannt. Die Weibchen sind robuster als die Männchen.

4

Aquariumpflege: Ideal für jedes Grabenseebuntbarschbecken. *Synodontis njassae*, die einzige *Synodontis*-Art aus dem Malawisee, ist ein äußerst anpassungsfähiger Wels. Er gedeiht bei pH-Werten zwischen 6,8 und 8,5 und unterschiedlichen Härtegraden und Wassertemperaturen.

Die Körperzeichnung und -färbung und die Anzahl und Größe der Punkte variieren bei dem Malawisee-*Synodontis* vor allem zwischen Jung- und Altstadien. Die jungen Tiere zeigen viele kleine Punkte auf einem blaßbraunen Körper, während die ausgewachsenen Tiere generell dunkelbraun gefärbt sind, mit nur wenigen großen Flecken.

Synodontis notatus

Handelsname: Einpunkt-Fiederbartwels.

Verbreitung: Zairefluß.

Biotop: Große Flüsse.

Maximale Gesamtlänge: 250 mm.

Nahrung: Wirbellose, kleine Fische und Krebstiere. Nehmen Flocken- und Tablettenfutter an, sowie gemahlene Garnelen.

Ablaichverhalten: Adulte Männchen sind kleiner als die Weibchen. Die Männchen sind auch schlanker und besitzen längere Bruststacheln und längere Schwanzflossenflügel als die Weibchen.

Aquariumpflege: Die Jungen sind recht friedlich gegenüber Gesellschaftsfischen, jedoch können halbwüchsige Tiere sehr zerstörerisch und stürmisch werden. Der große Fleck dieser Art variiert beträchtlich; bei einer Untersuchung von 100 Tieren zeigten 15% zusätzliche Flecke auf dem Körper, normalerweise zwei oder drei. *Synodontis notatus* ist noch eine andere anpassungsfähige Art, die unter allen möglichen Bedingungen im Aquarium leben kann.

Synodontis ocellifer

Handelsname: Großfleck-Fiederbartwels.

Verbreitung: West- und Zentralafrika.

Biotop: Flüsse.

Maximale Gesamtlänge: 200 mm.

Nahrung: Wirbellose, kleine Fische und Krebstiere. Fressen im Aquarium Flocken- und Tablettenfutter, sowie gemahlene Garnelen.

Ablaichverhalten: Die ausgewachsenen Männchen sind kleiner als die Weibchen.

Aquariumpflege: Ein ausgezeichneter Wels für kleine bis mittelgroße Gesellschaftsbecken. *Synodontis ocellifer* kommt in freier Natur in

1. *Synodontis njassae*, Malawisee.
2. *Synodontis notatus*.
3. *Synodontis ocellifer*.
4. *Synodontis petricola*, Tanganjikasee.

2

3

mehreren Farbmorphen vor. Einige Populationen tragen große Flecke auf dem Körper und deutliche Pigmentierung in den Flossen, andere haben wenig Körperpigment, besitzen aber immer noch die charakteristische, hohe, langbasische Fettflosse. Dieser Wels wird manchmal in Sendungen aus Westafrika gefunden, jedoch ist die Variante mit dem großen Fleck für Aquarianer kaum zugänglich.

Synodontis omias

Handelsname: Brauner Fiederbartwels.

Verbreitung: Flußsystem des Niger.

Biotop: Große Flüsse.

Maximale Gesamtlänge: 430 mm.

Nahrung: Ein Allesfresser, der alle möglichen Wasserinsekten und Pflanzenabfälle frißt. Im Aquarium akzeptiert er alle vorbereiteten und gefrorenen Futtersorten.

Ablaichverhalten: Unbekannt. Die Männchen besitzen einen schlankeren Körper und eine weniger hohe Fettflosse als die Weibchen.

Aquariumpflege: Eignet sich für eine Vergesellschaftung mit großen Fischen. Diese große Art ist wegen ihrer einfachen Körperfärbung bei den Welsliebhabern nicht sehr begehrt. Wie alle großen Arten der Gattung, ist auch *S. omias* äußerst anpassungsfähig an Wasserbedingungen und erwies sich in Gefangenschaft als recht widerstandsfähig.

Synodontis petricola

Handelsname: Kuckucks-Fiederbartwels.

Verbreitung: Tanganjikasee.

Biotop: Felssubstrat.

Maximale Gesamtlänge: 100 mm.

Nahrung: Krebstiere.

Ablaichverhalten: *Synodontis petricola* verstreut seine Eier, dennoch gibt es Andeutungen dafür, daß auch andere *Synodontis*-Arten neben *Synodontis multipunctatus* möglicherweise opportunistische "Kuckucks" für Buntbarsche sind. Diese Art wurde in letzter Zeit in Südafrika unter Hormonbehandlung nachgezogen. Die ausgewachsenen Männchen sind wahrscheinlich kleiner (75 mm) als die Weibchen.

4

Aquariumpflege: Der Kuckucks-Fiederbartwels ist die kleinste Grabenseeart und eignet sich für kleine Gesellschaftsbecken, vorausgesetzt, daß die Nachzucht von Buntbarschen keine Priorität hat (die Welse würden die Eier fressen und sind Brutparasiten). *Synodontis petricola* wird von Vielen für die schönste Art dieser großen Gattung gehalten. Ihr Farbmuster ist auffallend identisch mit dem von *Synodontis multipunctatus*, obwohl der weiße Rand der Flossen bei letztgenannter Art fehlt.

Synodontis pleurops

Handelsname: Gabelschwanz-Fiederbartwels.

Verbreitung: Zaire.

Biotop: Große Flüsse.

Maximale Gesamtlänge: 300 mm.

Nahrung: Insektenlarven und Algen.

Ablaichverhalten: Unbekannt. Die ausgewachsenen Weibchen sind größer als die Männchen und normalerweise graubraun gefärbt.

Aquariumpflege: Sogar große Tiere sind friedlich — ein idealer Wels für die Vergesellschaftung mit robusten Fischen. Junge Gabelschwanz-Fiederbartwelse haben einen schön verzierten Körper, der leider schon beim Heranwachsen ausbleicht. Bei adulten Tieren verändert sich ihre Farbe in ein einheitliches Grau, das bei den Aquarianern wenig geschätzt ist. Eine ausgleichende Eigenschaft

ist, daß sogar sehr große Tiere sich mit kleinen Fischen zu vertragen scheinen. Große Tiere können aber wieder sehr zerstörerisch sein, da sie nach Futter graben.

Synodontis robbianus

Handelsname: Rostbrauner Fiederbartwels.

Verbreitung: Flußsystem des Niger.

Biotop: Kleine bis mittelgroße Ströme und Flüsse.

Maximale Gesamtlänge: 100 mm.

Nahrung: Schlüpfende Fliegenlarven, Krebstiere und andere Wirbellose und kleine Fische. Im Aquarium nehmen sie Flocken- und Tablettenfutter und gemahlene Garnelen an.

Ablaichverhalten: Die adulten Männchen sind kleiner als die Weibchen.

Aquariumpflege: Gute Gesellschaftsart, ideal für mittelgroße Aquarien.

Dieser kleine *Synodontis* ist leicht mit dem leichter zu erwerbenden *Synodontis nigrita* zu verwechseln. Er ist jedoch viel kleiner und hat eine längere Fettflosse und eher einen braunen als grauen Körper.

Synodontis robertsi

Handelsname: Tyson Robert's Wels.

Verbreitung: Zairefluß.

Biotop: Kleine fließende Ströme.

Maximale Gesamtlänge: 100 -125 mm.

Nahrung: In seinem natürlichen Lebensraum frißt diese Art Insektenlarven und allgemeinen, organischen Abfall. Im Aquarium gewöhnt er sich an Flockenfutter, gefrorene Mückenlarven und Garnelen.

Ablaichverhalten: Unbekannt. Es sind keine Geschlechtsunterschiede bekannt.

Aquariumpflege: Diese Art ist ideal für kleine Gesellschaftsbecken, obwohl nur wenige Liebhaber ihn wegen seiner Seltenheit vorfinden werden.

Robert's *Synodontis,* obwohl eine Zwergart, gleicht sehr jungen *S. alberti*, kann aber an seinen charakteristischen Flecken auf dem Körper und der kleinen adulten Körperlänge erkannt werden.

1. *Synodontis pleurops.*
2. *Synodontis robbianus.*
3. *Synodontis robertsi*, Zaire.

Synodontis schall

Handelsname: Schalls Fiederbartwels.
Verbreitung: West-, Zentral- und Ostafrika.
Biotop: Flüsse und Seen.
Maximale Gesamtlänge: 430 mm.
Nahrung: Wirbellose, kleine Fische und Krebstiere. Im Aquarium fressen sie Flocken- oder Tablettenfutter und gemahlene Garnelen.
Ablaichverhalten: Die adulten Männchen sind kleiner als die Weibchen.
Aquariumpflege: Eine aggressive Art, die sich gegenüber Artgenossen und anderen *Synodontis*-Arten äußerst territorial verhält. Diese recht stumpfgrau gefärbte Art sollte gemieden werden, es sei denn ein Liebhaber möchte einen widerstandsfähigen Aasfresser für sein Gesellschaftsbecken mit robusten Arten haben. Diese Art ist sehr anpassungsfähig und überlebt selbst die extremsten Wasserbedingungen.

Synodontis schall ist die am besten studierte Art der Gattung, aber wahrscheinlich auch eine der am wenigsten als Aquariumfisch geeignete. Die Populationen aus dem Nil werden größer als die Seeformen. Ein fünf Jahre alter Fisch aus dem See Kainji in Nigeria war 180 mm groß, während ein Fisch aus dem Nil im Sudan 390 - 400 mm groß war. Fast 30% des Mageninhaltes bestand aus Insektenlarven, ein Hinweis auf den Hauptbestandteil der Kost von *Synodontis*-Arten.

Synodontis velifer

Handelsname: Velifer Wels.
Verbreitung: Westafrika.
Biotop: Große, fließende Flüsse.
Maximale Gesamtlänge: 200 mm.
Nahrung: Wirbellose und kleine Fische. Nimmt Flocken- und Tablettenfutter, sowie gemahlene Garnelen an.

Ablaichverhalten: Adulte Männchen sind kleiner als die Weibchen.

Aquariumpflege: Eine friedliche Art, die sich für die meisten Gesellschaftssysteme eignet. *Synodontis velifer* ist eine relativ seltene Art, die den Aquarianern auf der Suche nach ungewöhnlichen Welsen von Zeit zu Zeit begegnet. Aquariumtiere fühlen sich in leicht saurem Wasser mit viel Sauerstoff und fließendem Wasser wohl.

1. *Synodontis schall.*
2. *Synodontis velifer.*
3. Die Identifizierung vieler afrikanischer Bagridae ist verwirrend, weil sie keine charakteristischen Merkmale haben.
4. *Synodontis* versteckt sich zwischen Pflanzenblättern.
5. Der Autor beim Fangen von *Corydoras* in einem Zufluß des Oberen Rio Negro, Brasilien.
6. 800 l Becken mit *Synodontis.*

Kaltwasserwelse

Europäische und Nordamerikanische Arten

Es ist nur eine Welsart in Europa endemisch, obwohl nordamerikanische Katzenwelse (*Ictalurus*) in Wasserwege und Fischteiche eingebracht wurden. Der europäische Wels (*Silurus glanis*) wird bis zu 5 m lang und ist für Aquarien völlig ungeeignet, obwohl einige unüberlegte Aquarianer junge Tiere gepflegt haben. Es gibt erstaunliche Geschichten über diesen räuberischen Wels, in denen behauptet wird, daß kleine Hunde, Lämmer und menschliche Überreste im Darm großer, gefangener Tiere gefunden wurden. Es ist sehr unwahrscheinlich, daß ein nachtaktiver Wels Menschen erlegt, wenn es auch möglich ist, daß er an den Überresten duch einen Unfall oder eine Überschwemmung Ertrunkener nagt.

1

2

3

Die nordamerikanischen Katzenwelse sind bei Liebhabern von Kaltwasserfischen beliebt. Es gibt Albinoformen und grau/schwaze Varianten des Getüpfelten Gabelwelses (*Ictalurus punctatus*), der fast 2 m lang wird. Sie werden einerseits als Sport- und Nahrungsfisch angesehen, andererseits als Gesellschaftswelse. Alle großen Arten dieser Gattung sind nachtaktive Räuber, die sich keinesfalls für Aquarien mit gezüchteten Goldfischen eignen. Es gibt eine

Anzahl Gattungen, denen man in der Aquaristik kaum begegnet, von denen nur *Pylodictus olivaris* für Außenteiche importiert wurde. Die kleineren Arten der Kaltwasserwelse (Madtoms) können leicht in Gesellschaft mit anderen robusten Kaltwasserfischen, z. B. Sonnenbarschen, Barschen und Schleien, gepflegt werden. Leider sind Importe von Madtoms selten.

1. und 2. Europas Riesenwels, *Silurus glanis*.
3. Floridas Katzenwelse, *Ictalurus nebulosus*, werden hin und wieder in Krabbenfallen gefunden.
4. Ein nordamerikanischer Katzenwels, wahrscheinlich *Ictalurus brunneus*.
5. Der nordamerikanische Madtom-Wels, *Noturus gyrinus*.
6. Der nordamerikanische Wels, *Pylodictis olivaris*.

Index